브레바드 S. 차일즈의 이 빛나는 연구는 고대근동의 신화를 알아야 구약성경에 담긴 진리와 아름다움과 권능을 깊이 음미할 수 있음을 깨달은 선각자의 역작이다. 구약성경은 고대근동 세계에서 탄생하고 전승된 문헌이다. 고대 이스라엘은 이웃 민족들의 체험과 언어와 문화와 세계관 등에 전면적이고 깊은 영향을 받았다. 그러므로 고대 이스라엘의 정체성과 구약성경의 고유성을 이해하고 싶은 사람이라면 반드시 고대근동 문헌을 가까이 두고 꼼꼼히 비교하며 읽어야 한다. 미국 구약학계에 큰 영향력을 발휘한 차일즈는 이미 1950년대에 구약의 실재를 이해하기 위해서는 고대근동의 신화를 알아야 한다는 확신을 효과적으로 보여주었다.

이제 본서는 연구사적으로도 의미가 큰 작품이 되었다. 그래서 더욱 반드시 읽어야 할 책이라고 할 수 있다. 이런 귀한 연구가 한국어로 번역되어 반갑고 기쁘다. 이런 일을 해 주신 역자와 출판사에 깊은 감사를 드린다.

—주원준(구약학 박사; 한남성서연구소 수석연구원;
한국고대근동학회 초대 회장)

구약성경의 신화와 실재

제2판

브레바드 S. 차일즈 지음

이판열 옮김

구약성경의 신화와 실재
제2판

지음	브레바드 S. 차일즈
옮김	이판열
편집	김덕원, 이찬혁, 박진

발행처	감은사
발행인	이영욱
전화	070-8614-2206
팩스	050-7091-2206
주소	서울특별시 강동구 암사동 아리수로 66, 401호
이메일	editor@gameun.co.kr

종이책

초판발행	2023.8.15.
ISBN	9791193155066
정가	22,000원

전자책

초판발행	2023.8.15.
ISBN	9791193155073
정가	16,800원

Myth and Reality in the Old Testament

2nd Edition

Brevard S. Childs

초판 서문

　구약성경의 신화 문제는 본질적으로 구약의 실재에 대한 이해 문제라는 확신으로 이 책이 쓰였습니다. 이 책에서 전개한 것은 신화와 구약이 각각 궁극적인 관심사로서의 실재에 대한 이해를 가지고 있다는 것입니다. 그러나 그것들의 개념은 서로 조화롭지 못합니다. 구약은 하나님의 구속 활동에 대한 새로운 이해로 인해 신화와 대립하는 실재에 대한 개념을 발전시켰습니다. 그래서 구약성경에서는 자체의 증거로 사용하기 위해 신화의 형식을 바꾸려는 시도와 노력이 뒤따랐습니다.

　이 글은 신화에 대한 정의 및 실재에 대한 이해 안에서

신화의 기능을 확인하는 문제로부터 출발합니다. 이어서 저
는 구약의 실재에 대한 개념과 신화와의 갈등, 그리고 그 갈
등이 어떻게 해결되는지를 보여주려 했습니다. 이것은 몇 가
지 대표적인 구절들에 대한 면밀한 주해 작업에 기초하여 수
행됐습니다. 이러한 증거들은 신화와 대조되는, 시간/공간에
관한 구약의 사고 범주에 대한 연구로 이어집니다. 마지막으
로 이 연구를 바탕으로 신화와 관련한 신학적 문제와 실재에
대한 구약의 이해 사이의 관계가 논의됩니다.

　이 연구는 성경신학의 많은 근본적인 문제들과 관련되어
있습니다. 최근에 우리는 성경 안의 계시가 사상의 형태가
아닌 사건의 형태로 전달된다는 것에 대해 많이 들었습니다.
역사 안에서 하나님의 행동하심에 대해 말하는 것은 일반적
인 관례가 됐습니다. 우리는 구원사(*Heilsgeschichte*)로서 구약의
계시에 대해 많이 듣습니다. 그러나 '사건'(event)과 '역사'(his-
tory)의 정확한 본질에 관해서는 혼란이 있는 것 같습니다. 불
트만(Bultmann)은 '구원사'라는 단어에 대해 정확하게 정의하
지 못한 쿨만(Cullmann)을 비판했습니다. "나는 그에게서 '구
원사'(*Heilsgeschichte*)와 '세계사'(*Weltgeschichte*)에 적용된 역사라
는 용어의 의미에 어떤 차이가 있는지 모르겠다."[1] 본 연구는

1.　　R. Bultmann, 'Heilsgeschichte und Geschichte,' *TLZ* (1948), p. 662.

구약과 관련해서 '역사'라는 용어 및 성경의 실재에 대한 매개체로서의 역사의 기능을 명확하게 밝히고자 합니다.

한편, 신화 자체의 문제는 우리 시대에 새롭게 중요하게 됐습니다. 사실, 우리는 이 주제에 관한 다른 논문에 변론을 제시해야 합니다. 본서는 불트만의 요목(要目)을 계속 마음에 두면서 그 문제에 대한 다른 접근법을 제시하는데, 거의 대부분 구약과 관련되어 있습니다. 그러한 차이에도 불구하고 신화와 실재에 대한 문제에 공통의 관심사가 놓여 있습니다.

마지막으로, 필자는 이 책이 히브리인의 정신과 관련한 독특한 사고 패턴을 이해하는 데 기여하기를 희망합니다. 최근 학계는 성경을 읽을 때 서양의 전제에서 벗어날 필요성이 있음을 보여주는 큰 진전을 이루었습니다. 시간과 공간에 대한 주제를 다루는 데 있어서 구약의 표현의 완전한 자유를 허용하려는 의식적인 노력이 있었습니다. 특히 성경의 시간 개념은 역사주의의 제약 아래에서 계속 어려움을 겪고 있습니다. 이 논문은 역사를 진지하게 받아들이면서도 동시에 독특한 역사철학의 흔적인 외래 범주의 침입에 저항하려고 노력합니다.

책의 구성은 여러 단계를 거쳤습니다. 원래 '구약성경의 신화' 주제는 박사 학위 논문의 주제였습니다. 1954년에 논문이 완성된 이후, 거기서 사용한 자료들을 두 차례에 걸쳐 전면적으로 손을 보았고, 그 결과 완전히 새로운 책이 나오게 됐습니다.

이 책과 저의 발전에 도움을 주신 많은 분들께 감사의 마음을 전하고 싶습니다. 특히 주제 안으로 이끌어주고 많은 시간을 할애해 준 제 은사들인 발터 바움가르트너(Walter Baumgartner) 박사와 발터 아이히로트(Walther Eichrodt) 박사에게 감사드립니다. 그리고 두 독일 친구 빌헬름 빌켄스(Wilhelm Wilkens)와 게오르크 자우어(Georg Sauer)의 격려에 감사드리며, 특히 지난 3년간 귀중한 통찰력을 더해준 동료 프레데릭 헤르초크(Frederick Herzog)에게 감사드립니다. 어니스트 라이트(G. Ernest Wright) 교수의 유익한 많은 논평과 격려에도 감사드립니다. 또한 원고를 읽어주신 로울리(H. H. Rowley) 교수에게도 빚을 졌습니다.

3년 넘게 신화와 함께 살면서 변함없는 지지를 보내준 아내 앤(Ann)에게 이 책을 바칩니다.

브레바드 S. 차일즈

위스콘신주 플리머스에서

1957년 10월

제2판 서문

저는 재판의 기회를 이용하여 상당량의 최근 문헌을 추가하여 최신의 문헌 목록을 만들었습니다. 또한 본문에서 사소한 변경도 있었습니다만 이 책의 논점은 그대로입니다.

브레바드 S. 차일즈

코네티컷주 뉴헤이븐에서

1961년 10월

AO	*Archiv für Orient-Forschung*
AJSL	*American journal of Semitic Languages and Literatures*
ANET	*Ancient Near-Eastern Texts relating to the Old Testament* (2nd ed., 1955), ed. Pritchard
AOT	*Altorientalische Texte zum Alten Testament* (2nd ed., 1926), ed. Gressmann
BASOR	*Bulletin of the American Schools of Oriental Research*
BH	*Biblia Hebraica* (3rd ed., 1937), ed., R. Kittel
BZAW	Beihefte zur *ZAW*
CBQ	*The Catholic Biblical Quarterly*
ERE	*Encyclopaedia of Religion and Ethics*, ed. J. Hastings
EvTh	*Evangelische Theologie*
HUCA	*Hebrew Union College Annual*
IEJ	*Israel Exploration Journal*
JAOS	*Journal of the American Oriental Society*
JBL	*Journal of Biblical Literature*
JCS	*Journal of Cuneiform Studies*
JNES	*Journal of Near Eastern Studies*
JPOS	*Journal of the Palestine Oriental Society*
JQR	*The Jewish Quarterly Review*

JSS	*The Journal of Semitic Studies*
KeDo	*Kerygma und Dogma*
LXX	The Septuagint
MT	Masoretic Text
MVAG	*Mitteilungen der Vorderasiatischen (Vorderasiatisch-Ägyptischen) Gesellschaft*
RB	*Revue biblique*
RGG	*Die Religion in Geschichte und Gegenwart* (2nd ed.)
RHPR	*Revue d'histoire et de philosophie religieuses*
RHR	*Revue de l'Histoire des Religions*
TLZ	*Theologische Literaturzeitung*
TR	*Theologische Rundschau*
TWNT	*Theologisches Wörterbuch zum Neuen Testament*
TZ	*Theologische Zeitschrift*
VT	*Vetus Testamentum*
ZAW	*Zeitschrift für die alttestamentliche Wissenschaft*
ZTK	*Zeitschrift für Theologie und Kirche*

제1장
신화의 정의에 대한 문제

우리의 목적은 신화를 현대적으로 이해하게 된 긴 역사를 재검토하는 데 있지 않다.[1] 나는 책의 논의를 현대 **성서** 학계의 역사 가운데 사용된 신화의 정의 문제에 의도적으로 제한했다. 이 영역에서 신화를 이해하기 위한 두 가지 주요 접근법이 개발됐는데, 각각의 주장에는 중대한 차이가 있다. 물론 두 범주 사이에는 무수한 차이들이 있지만, 그것이 우리가 그린 넓은 윤곽을 흐리게 만들지는 않는다. '신화'라는 용어에 대한 오해의 상당 부분은 이 용어가 어떻게 사용되고

---

1. 연구사에 대한 조사를 위해, Jan de Vries, *Forschungsgeschichte der Mythologie* (München, 1961)를 참조하라.

있는지를 구체적으로 밝히지 못한 데에서 비롯됐다. 두 노선
의 설명을 명확히 하기 위해, 신화의 정의를 '넓은 의미'와
'좁은 의미'로 특징짓고 각각 다루고자 한다.

1. 하르틀리히(Hartlich)와 작스(Sachs)의 면밀한 연구를 통
해,[2] 역사에 등장한 넓은 의미의 신화 이해가 크게 향상됐다.
이들은 고전 문헌학자 하이네(C. G. Heyne)가 '신화'라는 용어
를 현대에 처음으로 정확히 표현했다고 언급한 바 있다. 하
이네는 신화를 인간의 지적 발달 초기 단계에서 나타나는—
설명할 수 없는 사건들은 신들의 직접적인 개입에 기인했다
고 보는—필수적이고 보편적인 형태의 표현으로 정의했다.[3]
그의 신화 개념은 이른바 '신화학파'(mythical school)의 아이히
호른(Eichhorn), 가블러(Gabler), 바우어(G. L. Bauer)에 의해 구약에
곧 적용됐고, 나중에 슈트라우스(D. F. Strauss)에 의해 신약에
적용됐다. 이 정의는 당대의 학계에서 불트만(R. Bultmann)에
의해 옹호됐다.[4] 하르틀리히와 작스는 신화의 넓은 정의에

---

2.   C. Hartlich and W. Sachs, *Der Ursprung des Mythosbegriffes in der modernen Bibelwissenschaft* (Tübingen, 1952).

3.   *Ibid.*, pp. 12ff.

4.   *Kerygma and Myth*, ed. H. W. Bartsch (London, 1953), p. 10: "신화
는 저 세상을 이 세상의 관점에서 표현하고, 신을 인간 삶의 관점에서
표현하기 위해, 곧 저 관점을 이 관점에서 표현하기 위해 이미지를 사
용한 것이다."

대해 다음과 같이 명확히 진술한다.

> 신화 운동(mythical movement)은 주로 기적적이고 초자연적인
> 사건, 특히 다른 초자연적인 존재나 신적 존재의 직접적이
> 고 기적적인 개입 또는 신적 존재의 출현에 관한 모든 진술
> 들을 동일한 차원으로 다룬다. 그러한 사건들에 관한 진술
> 이 성경이나 다른 종교적 문서 어디에 나타나든 상관없이,
> 과학 이전의, 무비판적인, 의식의 순진한(naïve) 단계에서 나
> 오는 한 그것들을 일률적으로 '신화적'인 것으로 지칭한
> 다.[5]

신화의 넓은 정의를 분석함에 있어서 이것이 현상학적
정의가 아니라 역사적-철학적 정의라는 것을 처음부터 주목
하는 것이 중요하다. 이 정의는 모든 자료를 구분하는 기준
이 되는 바, 초자연적인 것과 자연적인 것 사이의 철학적 구
분으로부터 직접 기인한다. 현대 과학의 관점에서 자료에 대
한 비평적인 판단이 내려진다. 그러한 접근 방식은 이 주제
에 적합하지 않은 그릇된 범주를 신화 주제에 밀어넣어 버릴
위험 요소를 가지고 있다. 이는 비판적인 서구적 사고의 눈

---

5.   Hartlich-Sachs, *op. cit.*, p. 148.

으로 신화에 접근한다는 것, 그리고 신화가 담을 수 있는 실
재의 종류를 처음부터 제한한다는 것을 의미한다. 이는 합리
주의의 근본적인 오류다. 게다가 이 정의에서 신화의 현상은
전체적으로 접근되지 않고, 도리어 신화적인 것은 초자연적
인 영역으로 밀려난다. 그렇지만 신화의 초자연적인 요소들
은 동떨어져 있는 것이 아니며 전체적인 이해 또는 실재와
밀접하게 연결되어 있다. 따라서 넓은 정의는 신화적 사고의
내적 일관성을 정당하게 다루기에 부족하다. 곧, 잘못된 구
별에 초점을 맞추면서 신화의 실제 목적을 간과한다. 마지막
으로 넓은 정의는 많은 중요한 구별점을 모호하게 하기 때문
에 성경 연구에 유용한 도구가 아니다. 초자연적인 모든 표
현을 신화적인 것으로 분류하는 것은 모든 초자연적인 사건
을 공유하는 무용담(saga), 전설, 신화 사이의 실제적인 구분을
파괴한다.

2. 신화에 대한 '좁은' 또는 '양식비평적' 정의는 기본적
으로 넓은 정의에서 벗어난다. 이 신화 개념은 원래 그림
(Grimm) 형제의 작품에서 유래했는데, 그들은 『그림 형제 민
담집: 어린이와 가정을 위한 이야기』(Kinder- und Hausmärchen,
1812; 현암사, 2012 역간)의 서문에서 신화를, 전설이나 동화 같은
다른 문학적 유형과 구별되는, 신들의 이야기에 관한 문학적

형식으로 정의했다. 문학적 유형으로서의 신화의 역사적 발전에 대한 분석은 나중에 분트(Wundt)에 의해 수정됐다.[6] 그러나 그림 형제의 정의는 여전히 기초를 유지했다. 이 신화에 대한 이해 방식은 성경 연구에 적용되어 들어갔고, 궁켈(Gunkel)에 의해 잘 요약됐다. "신화는 … 신들에 대한 이야기다. 이는 활약하는 자들이 인간인 설화와 구별되어야 한다."[7] 궁켈과 불트만이 쓴 신화 주제에 관한 유사한 두 개의 논문을 대조하면서,[8] 이 용어의 넓고 다양한 사용법을 이해하는 것은 유익하다. 좁은 정의는 문학 이전(pre-literary) 단계 및 문학 단계의 특정 형태의 산문을 보다 정확하게 정의해야 할 필요성에서 비롯했다. 이것은 과학적 서술에 속하며, 또한 자료를 철학적으로 평가하지 않는다.

　이 정의는 성경 연구에 아주 유용하다는 것이 입증됐지만 구약의 신화에 대한 우리 연구의 기초를 형성하기에는 적절하지 않다. 첫째, 여기서 신화는 오로지 문학의 산물로만 정의된다. 이를 적용하는 사람들에게는 문학 이전 단계가 명

6.　W. Wundt, *Völkerpsychologie*, V (2nd ed., Leipzig, 1914-20), pp. 31ff.

7.　H. Gunkel, *Genesis* (4th ed., Göttingen, 1917), p. xiv [여기서 인용된 궁켈의 창세기 주석 서론은, 『창세기 설화』, 감은사, 2020으로 출간됐다]; *RGG*, IV (1927-32), pp. 363ff.

8.　*RGG*, IV, pp. 382ff. and 390ff.

료하기는 하지만, 그럼에도 이 정의는 주로 문학적 영역의 경계를 설정하는 데 초점이 있었다. 이것은 문화에 대한 전체적인 사고 안에서 신화의 기능을 이해하는 데 도움이 되지 않는다. 이 정의는 신화의 본질을 파고들려고 시도하지 않고 형식적인 수준에 머물러 있다. 둘째, 이 정의를 사용하는 사람들은 구약 신화의 본질적인 문제를 보지 못하는 경향이 있다. 만약 신화가 '신들(gods)의 이야기'로만 이해된다면, 일신교에서는 진정한 신화가 가능하지 않을 것이고 신화는 정의상 구약에서 제거된다.[9] 이 정의를 옹호하는 사람들은 구약의 신앙이 단지 조잡한 다신교를 제거하면서 신화적 사고를 유지하고 발전시켰을 가능성은 고려하지 못했다. 신화에 담겨있는 실재에 대한 기본적인 이해와 성경적 신앙과의 관계 문제는 이 정의에서 충분히 다루어지지 않는다.

3. 위의 비평에 비추어 볼 때, 신화의 정의가 성경 연구에 유용한 도구가 되려면 무엇보다도 먼저 **현상학적**이어야 한다는 것이 우리의 주장이다. 이것은 우리가 신화에 대한 철학적, 역사적, 양식비평적, 또는 심미적 정의를 구약의 신화 문제를 논하기 위한 올바른 출발점으로 고려하지 않는다는

---

9.   A. Weiser, *Einleitung in das Alte Testament* (2nd ed., Göttingen, 1949), p. 50. [ET of 4th ed. (London. 1961), p. 57.]

것을 의미한다. 게다가 우리는 비교종교학자들 사이에 신화의 현상학적 정의에 관한, 일반적인 의견의 일치가 있다고 생각한다. 우리가 다음 장에서 간략하게 스케치하려는 것은 이러한 일치에 관한 것이다.

제2장
실재에 대한 이해로서의 신화

A. 신화의 본질[1]

신화는 인간의 현실에 대한 이해를 표현한 것이다. 그것

1. 이 복잡한 문제를 요약해서 설명하는 것은 주제의 난해함을 흐리게 하려는 것이 아니다. 조사의 특성상 몇 가지 대략적인 구분이 필요하다. 이 문제에 대해 더 자세한 연구를 원하는 사람들은 다음의 중요한 문헌들을 참조하라. E. B. Tylor, *Primitive Culture*, I (2nd ed., London, 1873), pp. 273ff.; W. Wundt, *Völkerpsychologie*, IV (2nd ed., Leipzig, 1914-20), pp. 3ff. and V, VI; P. Ehrenreich, *Die allgemeine Mythologie* (Leipzig, 1910), pp. 59ff.; L. Lévy-Bruhl, *La Mentalité Primitive* (14me ed., Paris, 1947), pp. 17ff.; J. W. Hauer, *Die Religionen* (Stuttgart, 1923), pp. 340ff.; L. Lévy-Bruhl, *La Mythologie Primitive* (Paris, 1935); H. Frankfort, ed., *The Intellectual Adventure*

은 결정적인 부분에서 현대의 비판적 사고 방식과 결을 달리
하는 사고 방식에서 비롯된다. 이것은 세계를 바라보는 방식
과 관련하여 특히 그렇다. 비판적인 사고를 가진 사람은 자
신을 둘러싼 세계를 수동적이고 비인격적인 것으로 생각하
는 반면, 원시인(primitive man)은 이러한 환경을 자신의 삶의
모든 영역에 영향을 미치는 힘을 지닌 능동적이고 살아 있는
것으로 생각했다. 이러한 힘들의 활동은 사실상 자신에게 생
생하게 영향을 미치는 자연에 대한 다양한 인상을 남긴다.
자연과의 밀접한 접촉에 따라 삶에 영향을 주는 이러한 힘들
은 개방성과 수용성이라는 특이한 특성이 있다. 과일나무의
성장과 쇠퇴, 가족의 탄생과 죽음, 해가 뜨고 지는 것 등은 생
명을 규정하는 현실을 보여주는 압도적인 표지다. 신화의 소
재인 자연으로부터 받은 그러한 인상에는 꿈이나 환상 등과
같은 인간의 잠재의식에서 발생하는 심리적 자극의 전체 덩
어리도 포함되는데, 이러한 것들은 원시인에게 있어서 자신

---

of Ancient Man (Chicago, 1948), pp. 3ff.; C. Kerényi, *Introduction to a Science of Mythology* (1951); E. Buess, *Geschichte des mythischen Erkennens* (München, 1953), pp. 106ff.; M. Eliade, *Patterns in Comparative Religion* (ET, New York, 1958), pp. 410ff.; Myth. A Symposium, ed. T. Sebeok (Bloomington, 1958); Y. Kaufmann, *The Religion of Israel* (ET, Chicago, 1960), pp. 21ff.

을 둘러싼 객관적 실체(objectivity)와 유사하다. 사람에게 영향
을 미치는 현실에 사로잡히는 충격(*Ergriffenheit*)의 순간이 바
로 신화 형성의 첫 번째 전제조건이다.

신화 형성 과정에서 필수적인 것은 인간의 창조 정신이
다. 사람은 다양한 인상들을 이해 가능한 통일된 전체로 정
리하려고 한다. 조형된 신화 형태(plastic form)에서는 혼잡한
세부 요소들 가운데 통일성을 형성하는 조직의 원리가 발견
된다. 신화의 독특한 특징은 자연 구성요소의 인상들을 신들
의 이야기로 변형시키는 힘, 곧 인격화된 힘의 차원에서 소
재가 형성된다는 사실에 놓여 있다.[2]

신화적 세계의 사람은 세계의 질서를 당연한 상태로 보
지 않고, 항상 무언가가 되어가는 과정에 있는 것으로 본다.
세계의 구조는 일정한 데이터로 간주될 수 없으며, 에너지로
끊임없이 재충전되어야 하는 사건들의 일시적 현상(transitory
effect)으로 간주될 수 있다. "신화적 사고는 이 상태(현재 세계의

---

2.   신들에 대한 개념이 어떻게 발전했는지에 대한 문제의 논의를 위해서
     는 다음을 보라. Tylor, *op. cit.*, pp. 273ff.; Wundt, *op. cit.*, VI, pp. 1ff.; N.
     Söderblom, *Das Werden des Gottesglaubens* (Leipzig, 1916), pp. 114ff.;
     R. Otto, *Gottheit und Gottheiten der Arier* (Giessen, 1932), pp. 16ff.;
     G. van der Leeuw, *Religion in Essence and Manifestation* (London,
     1938), pp. 23ff.

질서)가 '발생'(Gewordenes), 곧 혼돈의 세계—적어도 잘못된 질
서—로부터 현존의 질서를 창조해 낸, 창조적 힘의 행위임을
전제한다."[3] 바로 이 지점에서 신화의 본질의 결정적인 요소
를 발견할 수 있다. 곧, 신화적 관점에서는 현재 세계의 존재
구조를 하나의 발생(occurrence)으로 이해하기 위해 이러한 질
서의 성립을 원시 시대(primeval age)의 사건에 역으로 투영한
다.[4] 즉, 신화는 의식(senses)에 영향을 미치는 현재의 현실이
원시 사건에 참된 기초를 두고 있으며, 이것이 현재 세계 구
조를 규정한다고 여긴다. 말리노프스키(Malinowski)는 다음과
같이 표현했다. "신화는 … 원시 형태 안에 살아 있는데, 이
는 단순히 전해지는 이야기가 아니라 살아 있는 현실이다.
그것은 허구적인 성질의 것이 아니다. … 그것은 한때 원시
시대에 발생했으나 그 이후로 세계와 인간의 운명에 영향을
미치고 있다고 여겨지는 살아 있는 실재다."[5] 사람들은 '하늘
위가 일컬어지지 않았을 때', '옛적에 하늘이 갈라지던 날',
'태초에 위대한 창조주 주옥(Ju-ok)이 계셨다' 등과 같은 전형

---

3.   Ad. E. Jensen, *Mythos und Kult bei Naturvölkern* (2nd ed., Wies-
      baden, 1960), p. 79.

4.   *Ibid.*, p. 64.

5.   B. Malinowski, 'Myth in Primitive Psychology', *Magic, Science and
      Religion* (New York, 1954), p. 100.

적인 신화적 표현에서 먼 과거에 있었던 발생을 인식한다.

이렇게 신화와 원시 사건 사이의 연관성이 현재의 현실 구조를 규정하고 있지만 이는 신화적 사고의 한 측면일 뿐이다. 현대의 신화 연구는 신화와 제의(cult) 사이의 밀접한 연관성을 가장 설득력 있는 방식으로 증명했다.[6] 제의극(the drama of the cult)에서는 한때 발생했었던 본래의 우주적 사건들이 '지금 여기'(hic et nunc)에서 다시 인식되는 현실화(actualization)가 일어난다. 신화적이고 또한 시간을 초월하는 사건의 실재가 현재라는 시간으로 들어온다. 제의 참여자는 원시 시대와 마찬가지로 본래 창조의 힘(elemental powers)을 직접 공유한다. 참여자는 제의극에서 모든 시간적 순서로부터 자유롭게 되

---

6. 신화와 제의 사이의 관계는 매우 복잡하다. 그 문제는, W. Robertson Smith에 의해 명료하게 표현됐다. *The Religion of the Semites* (rev. ed., London, 1894), pp. 18ff.; 추가적인 논의는 다음과 같다: Wundt, *op. cit.*, V, pp. 20ff.; S. Mowinckel, *Psalmenstudien*, II (Kristiania, 1922), pp. 19ff.; van der Leeuw, *Religion in Essence* (1938), pp. 373ff.; *Myth and Ritual*, ed. S. H. Hooke (London, 1933); *Labyrinth*, ed. S. H. Hooke (1935); W. F. Otto, *Dionysos, Mythos und Kultus* (Frankfort, 1933); C. Kluckhohn, *Harvard Theol. Review*, 35 (1942), pp. 45ff.; S. Mowinckel, *Religion og Kultur* (Oslo, 1950); T. H. Gaster, *Thespis* (2nd ed., Garden City, 1961), pp. 23ff.; Gaster, *Numen* (1954), pp. 186f.; *Myth, Ritual and Kingship*, ed. S. H. Hooke (Oxford, 1958); E. O. James, *The Ancient Gods* (New York, 1960), pp. 134ff.

어 원시 시대의 힘에 참여한다. "모든 것이 첫날에 있었던 그
대로 [지금] 있다."[7] 신화는 오래전 원시 사건에 자신을 고정시
킴으로써 실존 세계의 영속적인 성질을 표현하려고 시도한
다. 반면에 제의는 시간에 국한되는(punctual) 성질만을 가지
고 있기 때문에 신화는 제의를 떠받친다. 이 장의 후반부에
서는 세계 질서의 구조 내에서 신화가 어떻게 변화에 동화하
고 그 변화를 재구성할 수 있는지 확인하게 될 것이다. 그 변
화들이 종교적인 성격을 가졌든 정치적인 성격을 가졌든 간
에 말이다. 여기서 우리의 목적은 신화와 제의의 상호 관계
가 과거와 현재, 저 세계와 이 세계 사이에서 이해 가능한 일
치성을 만든다는 것을 강조하는 데 있다.

제의는 세계 질서를 현실화하는 기능을 한다. 이것은 단
지 그냥 이런저런 질서가 아니라 **현실의 질서**다. 이 개념을
이해하기 위해 신화의 내용을 간략히 살펴볼 필요가 있다.
원시 사건과 관련된 모든 이야기가 참-신화(true myth)로 분류
될 수 있는 것은 아니다. 신화가 되기 위해서는 그러한 이야

---

7.   M. Eliade, *Images et Symboles* (Paris, 1952), p. 73: "… 신화는 처음에,
    곧 '태초에', 원시적이면서도 시간을 초월한 순간에, '신성한 시간'의
    흐름 위에서 발생한 사건들에 대해 이야기해준다. 이 신화적/신성한
    시간은 일상적이고 비-신성한, 곧 지속되면서 돌이킬 수 없는 시간인
    세속적 시간과 질적으로 다르다."

기가 '사실'을 담고 있어야 한다. 즉, 신화는 세계 질서 안에
존재하는 기본 구조와 관련되어 있어야 한다. 이 '사실'은 신
화적 정신이 자연의 힘 속에서 파악한, 삶을 규정하는 현실
에 대한 인식으로 구성되어 있다. 페타조니(Pettazzoni)는 이것
을 흥미로운 방식으로 구별했다.[8] 원시인은 '사실' 이야기와
'거짓' 이야기를 구분했다. 이야기의 내용이 '초원의 늑대의
모험'과 같이 이 세계의 외부 현상에만 관련된 '세속적' 경우
는 '거짓'으로 간주된다. 이와는 대조적으로 이야기의 내용
이 '신성한' 경우는 '사실'이다. 이러한 이야기는 사냥과 농업
의 발견, 또는 삶과 죽음의 기원과 같은 실존의 질서를 세우
는, 원시 시대의 창조적 힘의 활동과 관련이 있다.

　신화를 창작하는 인간의 정신은 출산, 출생, 죽음과 같은
자연 내의 위대한 과정을 최고의 현실로 인식한다. 이러한
현실에 대한 압도적인 인상을 통해 신화 형성에 있어서 어떤
형태를 발견하게 된다. 신화는 현재의 세계 질서를 수립하기
위해 시간을 초월하여 과거 시대에 투사된다. 인간은 자신의

8.　R. Pettazzoni, 'Die Wahrheit des Mythos', *Mythe, mensch und
　　Umwelt (1950); Gaster가 *Numen*(1954), pp. 208f.에서 Pettazzoni의
　　논문에서의 '사실'이라는 단어의 모호성을 비판한 것은 옳다. 그렇지
　　만 그는 원시인들 사이의 두 가지 이야기 범주에 대한 증거의 타당성
　　을 받아들였다.

현장에서 성장과 쇠퇴의 현실을 경험했기 때문에 이러한 경험은 예를 들어 성장과 쇠퇴의 신인 탐무즈(Tammuz: 개역개정에서는 "담무스", 겔 8:14 참조—옮긴이) 신화의 형태로 표현된다. 과거의 승리로 세워진 현재의 세계 질서는 자동적으로 지속되지 않는다. 그것은 제의극을 통해 끊임없이 재활성화되어야 한다. 따라서 매년 탐무즈는 제의에서 죽고, 또한 다시 살아나기를 기대하는 참여자들의 열광적인 기쁨과 함께 봄에 다시 일어난다. 사건의 인과적 순서라는 의미에서 보면 이것이 실제 역사가 아니라는 것은 명백하다. 한때 현실을 규정했던, 원시 시대에 일어났던 일이 제의에서 매번 새롭게 반복된다. 신화적인 사람은 신들의 활동 이야기에서 현실을 이해하기 위한 통합적인 요소들을 발견했다.

B. 원시 종교의 신화

원시인들의 신화에 대한 훌륭한 연구가 많이 있었지만 이것들은 통상적으로 전문화되어 한 부족에 대해서만 다루고 있다. 최근 몇 년간 옌젠(A. E. Jensen)은 특히 이 분야에 대한 포괄적인 관점을 제공하려고 시도했다.[9] 옌젠은 원시인의 현실 경험과 신화를 형성하는 창조적 힘의 관계를 명확하게 보여주었다. 그는 신화에서 원시인의 종교적 세계관 전반을 이해하는 열쇠를 찾았다.

옌젠은 동인도 원정을 통해 (채록한) 웨말레(Wemale) 부족의 신화에 대해 몇 가지 예를 들었다. 물루아 하이누웰레(Mulua Hainuwele: 코코넛 야자 가지) 신화의 내용은 다음과 같다.[10] 원시 시대에, 땅에 코코넛 야자가 생기기 전에, 아메타(Ameta)라는 사람이 사냥을 하던 중 멧돼지를 발견했다. 멧돼지는 도망가려다 물에 빠져 죽어버렸다. 아메타는 죽은 멧돼지를 물 밖으로 건져냈고, 엄니에 물려있는 코코넛을 발견했다. 그날 밤 그가 잠을 자면서 코코넛 꿈을 꾸었다. 그는 꿈에서 코코넛을 심으라는 명령을 받았고 그대로 했다. 3일 후에 야자나무는 완전히 자라났다. 아메타는 꽃을 잘라 마실 것을 만들고자 야자나무에 올랐다. 그런데 그는 실수로 손가락을 베었고 그의 피가 야자나무 꽃에 떨어졌다. 3일 후에 그는 그 피가 꽃의 즙과 결합되어 아이가 형성된 것을 보았다. 그는

---

9. A. E. Jensen, *Hainuwele* (Frankfurt, 1939); *Die drei Ströme* (Leipzig, 1948); *Das religiöse Weltbild einer frühen Kultur* (Stuttgart, 1948); *Mythos und Kult bei Naturvölkern* (2nd ed., Wiesbaden, 1960).

10. Jensen, *Hainuwele* (1939).

그녀를 데려다가 코코넛 야자 잎으로 감쌌다. 또 3일이 지나자 그 아이 하이누웰레(Hainuwele)는 결혼할 수 있을 정도의 젊은 처녀로 성장했다.

마로 춤(Maro-Dance) 축제 기간에, 하이누웰레는 춤추는 장소 한가운데에 앉아서 9일 동안 춤추는 자들에게 여러 가지 선물을 나누어 주었다. 그런데 9일째 되는 날 저녁에 그 부족 사람들은 깊은 구덩이를 팠다. 하이누웰레는 그들에게 붙잡히고 구덩이에 던져져 살해당했다. 다음 날 아메타는 구덩이에 매장된 그녀의 시신을 발견했다. 그는 시신을 몇 토막으로 나누고서 팔을 제외한 나머지 부분을 여러 곳에 묻었다. 그 후 각 토막은 그때까지 땅에 알려지지 않았던 것으로 변형됐는데, 그중 가장 중요한 것은 웨말레 부족의 주식인 구근 작물이었다. 그리고 물루아 사테네(Mulua Satene)는 그녀의 팔로 부족의 모든 남자가 통과해야 하는 큰 문을 만들었다. 이 문을 통과하지 못한 사람들은 동물로 변했다. 이렇게 해서 땅의 동물들이 창조됐다.

이 신화를 어느 정도 자세하게 이야기한 것은 이것이 원시 신화의 전형적인 특징을 많이 보여주기 때문이다. 이 이야기는 세계가 현재의 존재 질서를 받기 전인 원시 시대에 일어났다. 이 신화는 생명이 결정되는 위대한 현실, 즉 출산,

죽음, 그리고 과일 나무의 기원과 관련이 있다. 결정적인 순간은 수호신(데마신[*Dema-Gottheit*]) 살해에서 발생하며, 그의 죽음과 더불어 원시 시대(*Urzeit*)는 끝나고 출생, 양육, 죽음이 함께하는 현재의 삶이 시작된다.

우리가 웨말레 부족의 제의 의식에 주의를 기울이면 신화의 중요성을 분명하게 알 수 있다. 생산/출산 제의(ceremony of fertility)는 모두, 원시 시대의 그 사건과 밀접한 관련이 있다. 구근 작물의 기원이 하이누웰레의 죽음과 연관되듯이 모든 생명의 생산은 죽음과 관련되어야만 이해될 수 있다. 아이를 잉태하지 못하는 여인은 돼지를 도살하고, 그 돼지를 잘라 나누어서 땅에 묻는다. 나중에는 제의 식사로도 먹는다. 이 제의 의식에서 원시 시대의 원래 힘이 다시 현실화되어 작동한다. 제의 참여자는 생산으로 증명되는 하이누웰레의 죽음과 부활을 새롭게 경험한다.

그뿐만 아니라 태어나는 모든 아이들은 이 신화에서와 같이 코코넛 잎에 싸여진다. 흔히 그렇듯이 이는 곧 달이 차고 이지러지는 달의 특성과 연결됐다. 하이누웰레는 달의 이지러짐에 따라 제의에서 죽은 순환하는 달 신(moon deity)의 특성을 받았다. 마지막으로, 옌젠은 서-세람(West Ceram)의 식인 풍습도 원시 사건의 제의적 반복에 속한다는 유력한 증거

를 제시했다.[11] 그러므로 우리는 제의의 모든 세부 사항들이
신화와의 관계에서 이해된다는 것을 알 수 있다. 신화는 제
의를 통해 원시 행위를 예정된 시간에 현실화하고 사건의 연
속성을 제공한다.

파울 비르츠(Paul Wirz)는 마린드-아님(Marind-anim)족의 전
통에 유사한 체계가 있음을 제시했다.[12] 이 신화는 부족의 삶
에서 중심이 되는 원시 시대의 다양한 사건과 다시 관련된
다. 어떤 신화는 과거의 원 성행위(original sexual act)로부터 불
(fire)의 발견을 이끌어낸다. 그것은 부족의 비밀 제의에서 특
히 입문 의식과 관련하여 연극으로 재연되고 있다. 젊은이들
을 과거의 비밀에 입문시키기 위해 원시 시대 때처럼 한 처
녀가 살해되고 먹힌다. 그 의미는 다시 신화에서 찾을 수 있
다. 제의극은 단순한 기념식이 아니라 신화적인 과거의 현실
화다. 원시 시대는 현재가 되고, 제의를 통해 세계의 참된 질
서가 다시 세워진다.

시간과 역사에 대한 원시인들의 의식 결핍을 지적하는
사람도 있다. 프로이스(Preuss)는 신이 세상에 죽음을 보내셨

---

11. Jensen, *Das religiöse Weltbild,* pp. 43, 56.

12. P. Wirz, *Die Marind-anim von Holländisch-Süd-Neu-Guinea,* II
     (Hamburg, 1922), pp. 43ff.

을 때에 대해 말하던, 북로디지아(North Rhodesia: 지금의 잠비아
에 해당하는 지역—옮긴이)의 마토텔라(Matotela) 부족 가운데 한
노인에 대한 이야기를 전한다.

> 그래, 아주 오래전, 백인도 이 땅에 오지 않았던 옛적이었
> 다. 그것은 내 아버지의 날 이전, 심지어 그분의 아버지의
> 날 이전, 그리고 두 분이 노인으로 돌아가시기 이전, … 사
> 람들이 늙어 죽기 이전이었다.[13]

역사 의식의 결핍은 매우 쉽게 시간의 혼란을 야기하며, 비
교적 최근의 사건을 원시 시대의 일부로 여기게 된다. 그들
의 세계 질서 개념에 영향을 미치는, 사람들의 삶에서 새로
운 모든 것이 이러한 방식으로 동화된다는 것은 신화에 필수
적이다.

---

13. K. Th. Preuss, *Der religiöse Gehalt der Mythen* (Tübingen, 1933), p.
    13.

C. 수메르와 바빌로니아 종교의 신화

수메르 신화와 바빌로니아 신화는 원시인의 신화와 많은 공통점이 있다. 바빌로니아 사람들 역시 주변 환경의 압도적인 힘에 대해 모든 면에서 깊은 인상을 받았다. 그들의 모든 삶을 한순간에 완전히 산산조각 낼 수 있는 우월한 힘에 대한 경험은 그들에게 불변의 실재로 남아있었다. 그들의 신화는 자연이라는 두려운 실재와의 관계로 바뀌었다. 우리는 자연과 관련한 특정한 인상에 대하여 인간의 공통된 반응이 있었다고 결론지을 수 있지만, 그럼에도 불구하고 우리는 바빌로니아 문화의 새로운 방향이 그들의 신화 형성에 강한 영향을 미쳤음을 알 수 있다. 특히 글쓰기의 발견으로 연대기와 시간 순서에 대한 감각이 발달하게 됐다. 우리는 수메르 신화에 기초하여 신화의 가장 초기 형태를 연구한 뒤에야, 바빌로니아 문명의 영향을 받아 발전해 나간 형태를 추적할 수 있다.

완전하게 기록된 수메르 창조 신화는 아직 발견되지 않았지만, 여러 참고 문헌을 통해 어느 정도 완성도가 있는 내용을 얻을 수 있다.[14] 태초에 원시 바다(남무[Nammu])가 있었는

---

14. S. N. Kramer, *Sumerian Mythology* (Philadelphia, 1944), pp. 30ff.

데, 자신으로부터 하늘(안[An])과 땅(키[Ki])을 모두 구성하는
우주산(cosmic mountain)을 낳았다. 이 쌍은 대기의 신 엔릴
(Enlil)을 잉태했다. 우리는 또 다른 신화가 담겨있는 다른 파
편으로부터 더 많은 것을 배울 수 있다.[15] 그 신화는 새로운
존재 질서에 대한 설명과 함께 원시 시대에서 시작한다.

> 하늘이 땅으로부터 멀어진 후,
>
> 땅이 하늘로부터 분리된 후,
>
> 사람의 이름이 정해진 후, … .

그다음에는 조금 혼란을 주는 요소가 들어온다. 아마도 저승
의 신 쿠르(Kur)가 저승의 여왕인 에레쉬키갈(Ereshkigal)을 끌
어내어 전투를 일으켰을 것이고, 복수를 위해 엔키(Enki)는 배
를 타고 용이라고 생각되는 쿠르를 공격한다. 우리는 전투의
결과에 대해서는 알 수가 없다. 어쨌든 세계 시대의 실제적
인 시작은 이 사건과 함께 일어난다. 우리는 여기에서 원시
물(primeval water: '원시 바다'라고도 한다—옮긴이)이 얼마나 중요한
역할을 했는지, 그리고 땅의 존재가 어떻게 혼돈에서 유래됐
는지를 알 수 있다. 창조는 당연한 것으로 여겨지지 않았고,

---

15. *Ibid.*, pp. 37ff.

승리를 위한 원시의 투쟁과 관련지어졌다.

'엔릴(Enlil)과 닌릴(Ninlil)'의[16] 이야기는 주로 세계 구조의 구성에 관한 신화다. 그 행위는 닙푸르(Nippur)에서 일어나며, 인간이 창조되기 전의 원시 시대로 다시 투영된다. 이 신화는 엔릴(풍우의 신)과 닌릴(곡식의 여신)이 어떻게 저승의 세 신(네르갈, 닌아주, 엔빌루루—옮긴이)을 낳았는지를 말해준다. 그 행위(엔릴의 성폭행—옮긴이)가 언제나 이해될 수 있는 것은 아니지만 일반적인 의미는 분명하다.[17] 신화는 달과 저승의 관계를 설명하려고 한다. "그들이 친족이라면 달은 왜 저승과 그렇게 다른가?"라는 질문에 대한 대답으로, 신화는 엔릴의 폭력성에서 그 해결책을 찾는다.

그 밖에 '난나의 닙푸르 여행'(The Journey of Nanna to Nippur) 신화에[18] 세계 질서를 이해하려는 또 다른 시도가 나온다. 이 이야기는 닙푸르가 패권을 장악했던 기원전 3000년경의 수메르 역사 시기를 반영한다. 우르(Ur)의 수호신 난나는 자신의 도시를 위해 엔릴의 호의를 구하려고 닙푸르(엔릴의 도시)에 간다. 그는 많은 선물을 가지고 도착해서, 요청을 하고, 그

---

16. *Ibid.*, pp. 43ff.

17. T. Jacobsen, *The Intellectual Adventure of Ancient Man* (Chicago, 1948), pp. 152ff. 및 Kramer의 비평, *JCS,* II, pp. 39f.를 참조하라.

18. Kramer, *op. cit.*, pp. 47ff.

의 호의를 자비롭게 받게 된다.

> 그가 [엔릴에게] 주었고,
>
> 엔릴은 그에게 주었으니,
>
> 그는 우르로 [돌아]갔다.
>
> 그가 그에게 강에서는 넘치게 [물을] 주었고,
>
> 밭에서는 많은 곡식을 주었고,
>
> 늪에서는 **풀**과 **갈대**를 주었다. …[19]

바빌로니아인에게도 밭의 성장과 쇠퇴는 중요한 역할을 했다. 이 '사실'은 '인안나의 저승으로의 하강'(Inanna's Descent to the Nether World) 신화에서 포착된다.[20] 이 신화는 하늘의 여신 인안나(Inanna)가 (더 큰 권력을 얻기 위해) 저승으로 내려간 일을 이야기한다. 그곳에서 그녀는 붙잡힌다. 다산 기원 의식(fertility rites)의 특징은 후기 형태의 신화에서 특히 두드러진다.

이쉬타르(Ishtar: 수메르어 '인안나'에 대한 악카드어―옮긴이)가 돌

---

19. *Ibid.,* p. 49.

20. Pritchard, *ANET,* pp. 52ff.

아오지 못하는 땅에 붙잡히자,

황소가 암소에게 달려들지 않고,

나귀가 암컷을 잉태시키지 못한다. … [21]

이것과 매우 유사한 것이 첫 번째 바빌로니아 왕조에서 유래된 인간 창조 신화다. 이 신화는 그것이 출생 주문(呪文)에 포함됐다는 사실을 전달할 의무가 있다.[22]

이제 우리가 바빌로니아의 위대한 창조 서사시 '에누마 엘리쉬'(Enuma Elish)에 주목해 보면, 우리는 느슨하게 연결된 시리즈로 된 이전의 개별 신화 모음집과는 현저한 대조를 이루는 웅장한 문학 구성 단위를 발견할 수 있다. 최근의 연구에 따르면,[23] 이 서사시의 형성 시기는 대략 바빌로니아의 첫 번째 왕조, 아마도 함무라비 시대일 것으로 추정된다. 이 서사시는 본래 창조 신화에 관련된 것이 아니다. 먼저는 변화된 정치적 요인에 의해 야기된 새로운 세계 질서의 정당화와 관련이 있다. 의심할 여지없이 수메르에 기반을 둔 이 서사시의 급진적인 변형은, 신화가 변화된 상황에 적응하고 새로

---

21. *ANET*, p. 108: *AOT*, p. 209.

22. A. Heidel, *The Babylonian Genesis* (Chicago, 1952), p. 66.

23. *Ibid.*, p. 14.

운 형태를 취할 수 있었던 정도를 보여준다.

이 서사시는 원시 시대에 원시 물에서 신들이 탄생하면서 시작된다. 더 고대의 수메르 전통과는 대조적으로, 우리는 고도로 발전된 사색의 표현을 직접적으로 볼 수 있다. 불확실하고 위협받는 환경 안에서 위험한 존재로서의 삶에 대한 바빌로니아의 인상이 반영된다. 마르두크(Marduk: 개역개정에서 "므로닥", 렘 50:2—옮긴이)라는 신이 등장하면서 서사시의 참된 목적이 드러난다. 현재의 세계 질서는 가혹한 전투의 결과다. 마르두크가 괴물 티아마트(Tiamat)를 죽였기 때문에 세상은 원시의 혼돈에서 질서를 얻었다. 게다가 함무라비의 바빌로니아 정치에 대한 (분명한) 신화적 증거가 있다. (운명을 제정하고 왕위를 승인하는) 엔릴의 지위는 바빌론 도시의 수호신인 마르두크가 차지했다. 신들은 두려워하여 마르두크에게 도움을 청하고 그에게 충성을 맹세한다.

> 마르두크시여, 당신은 위대한 신들 중 가장 영광스러운 신입니다. 당신의 뜻은 비길 데가 없으며, 당신의 말은 아누(Anu)입니다. 오늘부터 당신의 선언은 변하지 않을 것입니다. 높이거나 낮추는 것—이것은 당신의 손 (안에) 있을 것입니다.[24]

---

24.   *ANET*, p. 66: *AOT*, p. 116.

이와 같이 바빌론의 권력을 잡게 된 함무라비의 정치적
성공은 원시 시대의 사건에 다시 투사됐다.

바빌로니아 역사에서 이 시기의 점성술은 발전의 정점에
이르렀다. 그러므로 마르두크가 승리한 후 하늘의 별자리로
올라간 것은 당연한 일이다. 별들의 행로를 미리 정해놓은
'운명의 서판'(table of fate)은 마르두크에게 넘겨졌다. 더욱이
서사시에서, 인간의 창조가 원시 시대에 킹구(Kingu) 신을 죽
인 것에서 비롯됐다는 것은 원시 신화와 유사하다는 점에서
의미가 크다. '에누마 엘리쉬'를 통해 세계의 전체 구조는 신
화적 사고의 이 기념비적인 본보기 위에 기초를 마련했다.

우리가 바빌로니아 제의를 살펴보면 신화가 그들의 종교
생활의 실제 내용을 제공한다는 것을 다시 한번 알 수 있다.
원시 시대의 마르두크가 전투에서 혼돈을 이긴 것처럼, 제의
에서도 이 승리가 재현된다. 매년 열리는 대관식 축제는[25] 이
원(原)사건의 원시적 힘에 참여한다는 의미를 갖는다. 이 축
제는 다음 해에도 세계 구조가 지속될 것이라는 점을 보장한
다.

---

25.   참조, *Myth and Ritual,* ed. S. H. Hooke, pp. 47ff.

D. 고대 이집트 종교의 신화[26]

이집트 문화는 그 땅의 특성에 따라 모든 방면에 각인되어 있다. 변함없이 순환하는 불타는 태양과 생명의 진흙을 공급하는 나일강의 매년의 범람은 그 삶을 지배하는 현실이었다. 이러한 불변성 때문에 이집트인은 자신의 세계를 정적인 존재 질서의 중심으로 생각했다. 그러므로 이 삶의 구상(concept of life)에 대한 '사실'(truth)이 신화 형성에 강력한 영향을 미치게 된 것은 당연한 일이었다.

이집트에서 신화는 세계 질서를 이해하는 데에도 기여했다. 모든 신화적 사고에서와 마찬가지로 당대의 존재 질서는 과거에 일어난 것으로 간주되는, 시간을 초월한 사건에서 유래했다. 우리는 이 패턴을 그들의 창조 신화에서 직접 발견할 수 있다.

> 많은 것들이 내 입에서 나온 존재들이었다. 하늘이 생겨나기 전에, 땅이 생겨나기 전에, … 내가 설 수 있는 곳을 찾기

---

26. 특히, S. Schott, *Mythe und Mythenbildung im alten Aegypten* (Leipzig, 1945); H. Frankfort, *Kingship and the Gods* (Chicago/Cambridge, 1948)를 참조하라.

전에.[27]

마지막 문장은 혼돈의 물에서 '원시의 언덕'(primeval hill)을 불러내는 태양신의 첫 번째 행위에 대한 언급이다. 이 지점에서 이집트 사상의 독특한 특징과 창조 신화에 대한 주요 관심을 엿볼 수 있다. 곧, 그 왕국의 기원이 세계 창조와 밀접하게 연결되어 있다. 『사자의 서』(Book of the Dead) 본문에는, 이 연결을 명료하게 표현하고 있는 약간의 해석이 나온다.

> 나는 눈(Nun: 원시 바다)에 홀로 있었을 때, 아툼(Atum)이었다. 나는 그가 만든 것을 통치하기 시작했을 때, 그의 첫 등장에서의 레(Re)였다. (난외주) 이것이 무슨 의미인가?—이 말은 … 슈(Shu)가 하늘을 땅에서 들어 올리기 전에 존재했던 레가 **왕으로** 등장하기 시작했다는 것을 의미한다.[28]

이집트 종교는 신성한 왕에게서 세계 질서의 기본 원리를 보았다. 그는 원시 구조에서 창조의 정적인 질서를 유지하기 위해 권력을 중재했다. 그는 원시 시대와 현재 사이의

---

27. *ANET*, p. 6.
28. H. Frankfort, *Ancient Egyptian Religion* (New York, 1948), p. 52.

연속성을 창조했다. 모든 것을 원시 시대 때처럼 세운 것이
그에 대한 최고의 찬사였다.[29] 정적이고 불변하는 존재의 질
서는 기준으로 남아 있었고, 이 고정적 개념을 가로지르는
역사적 변화는 중요하지 않은 것으로 여겨졌다. 이러한 이유
로 많은 파라오들의 개별 성격은 배경으로 전해진 반면, 결
정적인 요소는 '레의 아들'이라는 칭호에서 드러난다.

하늘 및 땅에서의 자연의 주기적인 순환에 대한 경험이
현실을 강력하게 표현하고 있기 때문에, 모든 변화가 중요하
지 않은 것으로 치부된 것은 아니었다. 이 주기적인 변화를
그들의 정적인 실재 개념과 연관 짓는 것은 신화의 주요 과
업이었다. 시간을 초월한 신들의 이야기로서의 신화는 변화
를 거듭하는 자연의 순환과 신성한 왕의 정적인 질서를 결합
했다. 그 예로서, 우리는 이 기능을 오시리스 및 호루스 신화
(the myth of Osiris and Horus)에서 볼 수 있다.[30] 이집트 신화 가
운데서 중요한 이 신화는 오시리스 왕이 형제 세트(Set)에게
어떻게 살해됐는지를 다룬다. 오시리스의 죽음을 슬퍼하던
이시스(Isis: 오시리스의 아내―옮긴이)는 마침내 절단된 그의 시체

---

29. *Ibid.*, p. 54.
30. 비판적인 논의를 위해서는 다음을 보라. H. Kees, *Totenglauben und
    Jenseitsvorstellungen der alten Ägypter* (Leipzig, 1926).

를 발견했고, 그녀는 반쯤 살아 있는 오시리스(Osiris)에게서
호루스(Horus)라는 아들을 잉태할 수 있었다. 호루스는 결국
세트를 정복하고 이집트의 왕좌를 차지한다. 이러한 이유로
통치하는 각 왕은 호루스로, 사망한 각 왕은 오시리스로 기
념된다.

이 신화는 이집트인의 삶의 모든 영역으로 이어졌다. 왕
의 죽음으로 세계를 유지하던 호루스의 힘은 땅으로 돌아가
서, 아무도 침범할 수 없는 세계 질서를 지탱하기 위해 계속
해서 활동했다. 토지의 비옥함은 나일강의 연간 범람량에 달
려 있었기 때문에, 나일강은 오시리스의 힘의 표지가 됐다.
이러한 이유로 람세스 4세(Ramses IV)는 오시리스를 마치 모
든 생명의 근원인 것처럼 말할 수 있었다.[31] 비슷한 모습으로
죽은 신의 힘은 곡식의 성장에서 드러난다. 그리고 암소는
다산의 상징으로 남아 있었기 때문에 이집트인은 (호루스와 하
토르를) '황소 호루스'(Horus the Bull) 및 '암소 하토르'(Hathor the
Cow)라고 불렀다. 한편 이 개념을 우주론으로 확장하는 단계
는 어렵지 않았다. 헬리오폴리스 신학의 엔네아드(Ennead: 구
주[九柱]의 신들—옮긴이)에서 오시리스는 게브(Geb)와 누트(Nut)
의 아들로 지정됐는데, 그들의 왕을 통해 하늘과 땅을 연결

---

31. Frankfort, *Kingship and the Gods*, p. 190.

한다. 마지막으로, 사후의 삶에 대한 이집트인의 집중적인 관심은 오시리스 신화의 확산에 많은 것을 더했다. 신화에서, 돌이킬 수 없는 죽음까지도 수용하는 영원히 변치 않는 진리가 발견됐다. 신화는 영원한 '진리'의 언어로 자연의 주기적인 순환 운동을 설명했다. 이 순환 운동은 신성한 왕과의 연결을 통해 정적인 세계 질서와 조화를 이루었다. 이 신화적 틀 내에서 참된 역사 저술 개념이 발전할 수 없다는 것은 분명하다.

신화를 비교종교의 현상으로 연구한 결과를 간략하게 요약하려 한다. 곧, 신화는 현실의 기존 구조를 이해하고 유지하는 형식이다. 그것은 원시 시대에 일어난 것으로 간주되는 신의 행동이 어떻게 당대의 세계 질서의 국면을 결정하는지를 보여준다. 기존의 세계 질서는 제의에서 행해지는 신화의 현실화를 통해 유지된다.[32]

---

32. J. L. McKenzie는 그의 주도면밀한 논문, 'Myth and the Old Testament' *CBQ*, 21 (1959), pp. 265-282에서 신화를, 달리 표현될 수 없는 초자연적 현실의 상징적 표현으로 정의하는 경향이 있다. 우리의 견해로는, 신화의 상징적 역할을 강조하는 사람들은 일반적으로 신화와 함께 주어진 세계 질서를 보존하는 제의와 그 기능의 역할을 충분히 진지하게 받아들이지 않는다. 더욱이 상징적 해석은 신화와의 갈등으로 인해 전통에서 야기된 마찰의 문제를 제대로 파악하지 못한다. James Barr의 최근 논문, 'The Meaning of "Mythology" in

---

Relation to the Old Testament', *VT*, 9 (1959), pp. 1ff.를 참조하라. 우리의 입장은 그의 입장과 기본적으로 일치한다.

제3장
구약의 실재와 충돌하는 신화

이 장의 목적은 신화적 자료가 등장할 때 성경의 전통 안에서 야기되는 문제를 보여주는 것이다. 특정 구절들을 가지고 우리는 텍스트 내에 존재하는 다양한 긴장을 보여주기를 바라는 바다. 이 긴장의 차이는 성경 저자들이 외부에서 들어온 신화에 담긴 실재에 대한 이해를 동화시키거나 파괴할 수 있었던 정도에 따라 다르다. 우리는 신화의 현상학적 정의를 연구의 기초로 사용할 것이다.

A. 창세기 1:1-2

태초에 하나님이 하늘과 땅을 창조하셨다. 땅은 형태가 없이 비어 있었고, 어둠이 깊음 위에 있었다. 하나님의 영은 수면 위에 움직이고 계셨다.

창세기를 시작하는 단어들에서 발견되는 단순한 위엄은 일반 독자에게 그 어려움을 숨기는 경향이 있다. 그러나 기독교 시대가 시작된 이래로 신중한 해석자들은 1절을 2절과 어떻게 연관시켜야 하는가로 당혹스러워했다. 혼돈이 창조 이전에 존재했는가 아니면 창조 이후에 존재했는가? 혹은 혼돈이 하나님의 창조 활동과 별개로 존재하는가? 하나님이 처음으로 혼돈을 창조하셨다는 제안은 논리적 모순이므로 오히려 거부되어야 한다는 것이 일반적으로 인정되고 있다.[1] 또한 혼돈을 창조의 첫 번째 단계로 묘사하려는 고대의 시도도 만족스럽지 못하다. 7일 창조의 명백한 계획이 그로 인해 파괴되기 때문이다.

---

1.   이것은, Wellhausen, *Die Composition des Hexateuchs* (3rd ed., Berlin, 1899), p. 105에 의해 변호됐고, C. A. Simpson, *Interpreter's Bible*, I (New York, 1952), p. 468에 의해 다시 채택됐다.

이 문제는 1절 번역의 구문상 명확성이 부족하기 때문에 더욱 복잡해진다. 두 가지 주요 의견이 제시된다. 첫째는 1절을 완전한 문장으로 이해하는 것이다. 곧, '처음에 하나님이 하늘과 땅을 창조하셨다.' 둘째는 1절을 3절에 종속된 시간절로 읽고 2절을 삽입구로 읽는 것이다. 곧, '하나님이 하늘과 땅을 창조하시는 처음에' 또는 '하나님이 창조하기 시작하셨을 때 … 그때 하나님이 말씀하셨다.' 두 번역 모두에 있어서 문제가 없기 때문에 문법만으로는 해결할 수 없다.[2] 후자의 번역이 발전된 주된 이유 중 하나는 유추 논증에 있다. 곧, 창세기 2:4b은 하나의 삽입 어구에 이어지는 분명한 전제절(protasis)이라는 것이다. 게다가 거의 모든 악카드어(지명 '악카드'는 개역개정에서 '악갓'[창 10:10]—옮긴이) 우주(생성)론은 '이

---

2. (Delitzsch, Wellhausen, Gunkel, Procksch, Eichrodt, Zimmerli, von Rad에 의해 변호된) 첫 번째 번역은 '베레쉬트'(בְּרֵשִׁית)를 독립구로 읽지만, (Rashi, Dillmann, Holzinger, Skinner, Budde, H. W. Robinson, Albright, Simpson에 의해 변호된) 두 번째 번역은 그것을 (구를 이루는) 구성체로 취급하고 그것 뒤에 속격절이 따르는 것으로 본다. 첫 번째 번역에서는 '바레쉬트'(בְּרֵשִׁית)를 가리키는 것으로 예상할 수 있지만, 독립구로 사용되는 '베레쉬트'(בְּרֵשִׁית)와 같은 구조가 자주 사용된다(참조, Delitzsch, *loc. cit.*). Skinner, *Genesis* (2nd ed., Edinburgh, 1930), p. 13은 그 구조가 2절의 시작 부분에 있는 '바브'(ו)의 상대적 개념에 본질적으로 반대된다고 이의를 제기하지만, 그의 요지는 결정적이지 않다.

누마'(*inūma*), 이후 시기에는 '에누마'(*enūma*: 문자적으로 "그날에"
또는 "~때에")라는 구문으로 시작한다. 두 번째 번역을 선호한
다면 우리는 하나님의 활동과 무관하게 이미 존재하던 혼돈
에 대한 분명한 진술을 갖게 된다. 첫 번째 번역이 받아들여
지더라도 제기되는 문제는 본질적으로 동일하다. 이때 1절은
하나님의 창조를 시작이라고 주장하지만, 2절은 창조와 무관
한 이전의 혼돈 상태를 설명하는 것으로 보이기 때문이다.
특히 구약성경이 이원론적 자연 개념을 끊임없이 거부하는
것에 비추어 볼 때 이 상황은 매우 당혹스럽다.

그것에 대한 이해 문제는 제사장 문서의 창조 이야기의
본질에 의해 강화된다. 학자들은 1:1-2:4a의 지배적인 분위기
가 2:4b 이하와 비교하여 완전히 다르다는 점을 올바르게 강
조한 바 있다. 야웨사가(Yahwist: 창 2:4b 이하의 편집자―편집자)의
초기 기록(2:4b 이하)에 나오는 신선한 증거의 순진함이 어떤
모순을 설명할 수 있을 것이다. 그러나 약 400년 후 제사장
전통이 자리를 잡으면서 표현의 정확성이 중요시됐다(창세기
1장을 가리킴―편집자). 폰 라트(Von Rad)는 이 문체(style)를 다음과
같이 특징짓는다. "여기에 자의적인 것은 없다. 모든 것이 숙
고되고, 저울질되고, 정확하게 측정됐다."[3] 이 장 전체에 걸쳐

---

3.   G. von Rad, *Das erste Buch Mose* (Göttingen, 1952), p. 36. [ET,

창조물에 대한 하나님의 완전하고 수월한 지배를 강조하려는 저자의 의식적인 의도를 인식하지 않을 수 없다. 더욱이 제사장사가(Priestly writer: 창 1:1-2:4a의 편집자—편집자)는 이미 제2이사야의 예를 따랐는데, 그의 창조에 대한 그림은 상상할 수 있는 어떤 이원론을 완전히 무효화한다(사 40:26; 44:6; 45:7 등).

본문에서 발견되는 이 이상한 상황에 비추어 볼 때, 1:2의 혼돈에 대한 묘사에 우리의 주의를 돌리는 것이 바람직해 보인다. 아마도 혼돈의 본질을 이해함으로써, 우리는 1:1에서 제기된 문제를 해결하기 위한, 더 나은 준비를 하게 될 것이다. 혼돈에 대한 묘사는 쉽게 구분할 수 있는 세 부분으로 나뉜다.

a 부분: "그리고 땅은 황무하고 비어 있었다"(תהו ובהו והארץ היתה, And the earth was waste and void). 동사 '있었다'(היתה)는 (히브리어) 명사절에서 잉여적이기 때문에 다소 뜻밖이다. 우리가 실제로 가지고 있는 것은 적절한 시간 영역에서 상황을 구체화하는 데 사용된, 상황적 의미의 명사구다. 곧, "혼돈이 있었던 땅"(the earth having been chaos).[4] "황무/황폐"(תהו, '토

Genesis (Philadelphia and London, 1961), p. 45.]
4.   J. M. P. Smith, 'The Syntax and Meaning of Gen. 1.1-3', AJSL, 44, pp.

후')라는[5] 명사는 발자국이 없는 황량한 광야를 의미하는데, 이것이 어떻게 공허함의 상징이 될 수 있었는지 쉽게 알 수 있다. "비어 있음"(בהו, '보후')이라는[6] 단어는 구약에서 3회, '토후'(תהו)와 관련해서만 나온다. 단어의 어원은 불확실하지만 '토후'(תהו)는 '보후'(בהו)의 다른 측면처럼 보이며, 이는 그 단어들이 함께 사용된 이유를 설명해 줄 수 있다. 두 표현 모두 구약에서 인격적인 특성을 가졌다는 증거는 없다.

b 부분: "어둠이 깊음의 면 위에 있었다"(על-פני תהום

108f.; K. Galling, 'Der Charakter der Chaosschilderung in Gen. 1, 2', *ZTK*, 47, pp. 149ff.: "'하이타'(היתה)라는 단어는, 나중에 땅이 됐던 것의 이전 상태를 규정하고 있다"라는 진술도 참조하라.

5. '토후'(תהו)는 Caspari, 'Tohuwabohu', *MVAG*, 1917가 제안하고, Procksch, *Genesis* (2nd-3rd ed., Leipzig, 1924), p. 441의 승인을 받아 인용한, '테홈'(תהום)이 아닌 *thh*(우가리트어 *thw*)에서 파생됐다. 신명기 32:10에서는 '미드바르'(מדבר) 및 '예쉬몬'(ישמון)과 평행하는 "광야"를 의미한다. 또한 이 단어는 폐허가 된 도시(사 24:10)를 묘사하는 데 사용됐으며, '아인'(אין) 및 '에페스'(אפס)(사 40:17)와 평행을 이룬다. 또한 우상(사 41:29)과 무가치한 논쟁(사 29:21)의 실재하지 않는 것에 대한 비유적인 의미로도 나타난다.

6. 아마도 이 단어는 아랍어 *bhy*("비어 있다")와 연결되며, 단어 쌍에서 자주 나타나는 단어, '토후'(תהו)의 형태와 어울린다. 어떤 사람들 (Gunkel, Procksch)은 이 단어가 페니키아의 바아우(Baau), 바람의 아내 콜피아(Kolpia), 세계의 원시 어머니(primeval mother)와 연관이 있다고 보았다. 그러나 확언할 수는 없지만 그럴 가능성은 낮아 보인다(L. Waterman, *AJSL*, 43, pp. 177f.의 논의를 참조하라).

וחשך, And darkness was upon the face of the deep). 어둠은 하나님의 창조물에 속하지 않고 그것과 무관하다. 어둠은 단순히 빛의 부재로 이해될 수 없고 자체적인 특성을 가지고 있다. 구약 전체에 걸쳐 그것은 죽음과 밀접하게 연관되어 있으며(욥 38:17; 시 88:13[88:12 LXX]; 49:20[49:19 LXX]), 생명과 대립되는 영역, 비존재의 땅으로 남아있다(욥 12:25; 18:18). 여기에서 '테홈'(תהום)은 또한 창조되지 않은 원시의 물을 의미한다. 의미심장하게도 이 단어는 항상 관사 없이 여성형 단수로 나온다. '테홈'(תהום)은 창조 이후에 세상을 둘러싸는 물로 나온다(창 8:2). 그러므로 b 부분에서 혼돈을 구성하는 긍정적인 물질이 기술되고 있다고 결론내릴 수 있다. 즉, 그것은 '무언가'를 명확히 서술함으로써 a 부분을 넘어서며, 어둠이라는 부정적인 특성을 부여함으로써 a 부분을 보완한다.

　c 부분: '하나님의 영은 수면 위에 움직이고 계셨다'(המים ורוח אלהים מרחפת על-פני, And the spirit of God was moving over the face of the waters). 이것은 오랫동안 논쟁을 불러일으킨 문제들로 가득 찬 매우 어려운 구절이다.[7] 덜 난해한 단어부터 시작

7.　J. P. Peters, 'The Wind of God', *JBL*, 30, pp. 44f.; Albright, *JBL*, 43, pp. 363f.; May, 'The Creation of Light in Gen. 1:3-5,' *JBL*, 58, pp. 203-4; Galling, *op. cit.*, pp. 145ff.; W. H. McClellan, 'The Meaning of ruah Elohim in Gen. 1:2', *Biblica*, 15, 1934, pp. 517f. (직접 표시되지

해 보자. 활동의 장면은 b 부분과 동일한 "수면 위"다. '메라
헤페트'(מרחפת)라는 단어의 의미는 한때 난제로 간주됐지만
지금은 그렇지 않다.[8] 이 동사는 "배회하다"(hover), "서성거리
다"(flutter), 또는 "날개를 치다"(flap)와 같은 동사로 가장 잘 표
현될 수 있다. 궁켈(Gunkel)의 '우주 발생론적 세계 알'(cosmic
world-egg) 이론에 상당한 지지를 제공한 "[알을] 품다"(brood)라
는 흔한 번역은 언어학적 증거가 지지해주지 않기에 타당성

는 않음); K. Barth, *Die Kirchliche Dogmatik*, III-1 (1945), pp. 112ff.
[ET (Edinburgh, 1958), pp. 102ff.]; Harry M. Orlinsky, 'The Plain
Meaning of *Rûah* in Gen. 1:2', *JQR*, 48 (1957/8), pp. 174ff.

8. 언어학적 증거는 다음과 같다. 히브리어 어근 רחף는 불확실하다. 아
    랍어에서 드물게 이 동사가 나타나는데 이때에는 "부드럽다"라는 의
    미를 가진다. 시리아어에서는 어근이 "돌보다", "감싸다" 또는 "품다"
    를 의미하는 히브리어와 분명한 연관성이 있다. 우가리트어에서는 가
    장 가까운 평행을 제공한다. Gordon, *Ugaritic Handbook* (1947), No.
    1866은 "치솟다", "날아오르다"의 의미를 제공한다. 구약에서 이 단어
    는 칼(qal) 형태로 한 번 나타나고(렘 23:9), 창 1:2에서 피엘(piel)로 한
    번, 신 32:11에서도 피엘로 한 번 나타난다. 신 32:11에 나오는 묘사는
    독수리가 새끼에게 나는 법을 가르치는 것과 관련한다. 첫 번째 동사,
    히필(hiph.) 형태 '야이르'(יעיר, "휘젓다", "뒤흔들다")는 새가 새끼를
    둥지 밖으로 쫓아내는 행동을 나타낸다. 그다음에 나오는 '예라헤
    프'(ירחף)는 새끼를 공중으로 데려가는 실제 과정을 설명한다. 이 동
    작은 공중에 맴돌고, 흔들고, 퍼덕거리는 것으로 결코 따뜻하게 보호
    하는 것이 아니다. 렘 23:9에서 '라하푸'(רחפו)는 두려움으로 인해 뼈
    가 흔들리거나 떨리는 것을 의미한다. Köhler는 창 1:2의 '메라헤페
    트'(מרחפת)를 "떨며 맴돌다"(hover trembling)로 번역한다.

이 없다.

진짜 난제는 "하나님의 영"(רוח אלהים)이라는 어구에 나온다. "루아흐"(רוח)라는 단어는 무엇보다도 단순히 호흡/숨을 의미한다(겔 37:5-8). 거기에 더하여 바람이나 산들바람, 공기의 움직임(창 3:8; 8:1)을 의미한다. "하나님(엘로힘 또는 야웨)의 영"이 언급되는 경우, 그것의 일반적인 의미는 인간의 삶에 침투하여 평범한 인간의 능력을 완전히 뛰어넘는 행동을 일으키는 초자연적이고 신적인 힘을 가리킨다. 그것은 모든 생명이 의존하는 신성하고 신비한 힘이다. 사울은 '루아흐 엘로힘'(רוח אלהים)이 임했을 때 황홀경에 빠진다(삼상 10:10). 발람은 '루아흐'(רוח)로부터 예언의 선물을 받는다(민 24:2).

그 어구의 일반적인 의미를 적용하려고 할 때 우리가 마주하게 되는 첫 번째 어려움은 c 부분이 구문론적 의미에 따르면 혼돈에 속한다는 것이다. 일반적으로 긍정적인 의미를 가지며 가장 분명하게 하나님의 창조 사역에 속하는 '루아흐'(רוח)가 1:1의 창조에 대항하는 셈이다. 저자가 혼돈의 상태와 대조적으로 c 부분을 새로운 요소로 도입하기 원했다면 '바테라헤프 루아흐'(ותרחף רוח)와 같은 다른 구문을 사용했을 것이다.[9] 지금대로라면 하나님의 창조의 힘이 부정적인

---

9. Galling, *op. cit.*, p. 152.

행위로 판단된다는 이상한 변칙이 발생한다.

이 어려움을 완화하기 위한 여러 시도가 있었다. c 부분이 "물 표면의 거센 바람"으로[10] 번역되어야 한다는 의견이 있었다. 이 번역은 '루아흐 엘로힘'(רוח אלהים)이라는 표현에서 '엘로힘'(אלהים)이 ("하나님"을 가리키는 것이 아니라 '루아흐'를 수식하는) 최상급으로 사용된다고 하는 포위스 스미스(J. M. Powis Smith)의[11] 제안에 기초하고 있다. 때때로 단어를 신성한 이름과 연결함으로써 당연히 최상급의 의미가 주어질 수 있다는 사실을 의심하는 사람은 아무도 없을 것이다.[12] 하지만 문제는 이것이 1:2의 가능성 있는 해석인지 여부다. '루아흐 엘로힘'(רוח אלהים)이라는 구절이 나오는 구약의 나머지 부분의 많은 사건들 중 이 해석이 정당화되는 곳은 단 한 군데도 없다. 그러므로 2절에서 1절과의 모든 연결 관계를 제거하려는 시도는 성공할 수 없다.

한편 궁켈은 1:2에 있는 하나님의 영 개념과 1:1에 있는

---

10. *The Old Testament, An American Translation*, ed. J. M. P. Smith (Chicago, 1927). 비슷한 번역이, Peters, May, Galling, von Rad에 의해 지지됐다.

11. J. M. P. Smith, 'The use of Divine Names as Superlatives', *AJSL*, 45, pp. 212ff.

12. A. B. Davidson, *Hebrew Syntax* (3rd ed., Edinburgh, 1902), p. 49.

창조를 조화시키는 것은 불가능하다고 제안했다. 그는 이렇게 말했다. "창조의 하나님과 [알을 품듯] 품는 영(brooding spirit)은 실제로 내적 관계가 없으며 상호 배타적이다. 영의 품음 배후에 있는 개념은 혼돈이 자체 내부에서 발전한다는 것이다. 반면에 창조의 하나님은 자신의 뜻을 외부에서부터 세상에 적용한다."[13] 우리의 견해에 따르면 이 해석은 '메라헤페트'(מרחפת)라는 단어를 '품다'(brood)로 잘못 번역한 것과 이에 따른 신화론적 읽기에 의해 너무 많이 채색됐다. 영이 혼돈으로부터 창조를 이루려고 시도한다는 것을 암시하는 단어는 없다. 단지 어떤 관계가 표현되어 있을 뿐이다. 게다가 내가 보기에 이 구절은 바르트(Barth)가 궁켈의 주석을 바탕으로 "엘로힘의 영"(the spirit of אלהים: '루아흐 엘로힘'에 해당하는 어구로 개역개정에는 "하나님의 영"으로 나옴—옮긴이)을 1절과 3절의 엘로힘과 구별되는 것으로 보면서 지나치게 해석한 것 같다. 그의 해석에 따르면 1:2은 '이 세상의 하나님'에 의해 헛되이 시도된 창조에 대한 '캐리커처'를 보여준다.[14] 창세기 저자가 그러한 대조를 시도하려 했다면 '엘로힘'이라는 용어를 구별해서 사용했을 것이다. 그렇지 않으면 독자는 2절의 '엘로힘'

---

13. Gunkel, *Genesis* (4th ed., 1917), p. 104.
14. Barth, *Die Kirchliche Dogmatik*, III-1, p. 119. [ET, pp. 107f.]

이 1절과 3절에 나오는 '엘로힘'의 대적자라는 것을 결코 알지 못할 것이다.

우리의 견해는 '엘로힘의 영'을 1절의 창조의 하나님의 혼돈에 대항하는 계속적인 행동으로 이해해야 한다는 것이다. 1:2c은 구문의 내용상 혼돈의 일부이기 때문에 아직 창조를 시작하지 않은 상태다. 1:2이 하나님의 창조 활동과 무관하게 존재하는 혼돈 상태를 기술하고 있기 때문에 그것은 단지 1절과 2절의 공존 관계를 표현할 뿐이다. 더욱이 이 구절들 사이의 해결되지 않는 긴장은 우리가 이스라엘의 전통에 속하지 않은 외래의 자료를 다루고 있음을 암시하고 있는 듯하다. 이스라엘 전통에서 우리는 야웨와 독립적으로 존재하는 원시의 실재에 대해 들을 수 있는가? 외래의 기원을 가리키는 다른 표지가 있는지 알아보기 위해 다음의 자료를 살펴보자.

궁켈의 『창조와 혼돈』(*Schöpfung und Chaos*, 1895)의 철저한 분석 이래로, 구약학에서는[15] 원시의 물을 여성으로 의인화한

---

15. A. Heidel, *The Babylonian Genesis* (Chicago, 1951)은 자료를 정당하게 다루지 않는 특정 신학 관점에 의해 지배됐기 때문에 Gunkel에 반대하면서 거의 중요하지 않은 논거를 제시한다. 예를 들어, 사 30:7에 나오는 라합이 이집트 악어를 가리키는 명칭으로 나오기 때문에 사 51:9에서도 같은 의미를 가질 수 있다고 주장하는 것(pp. 104f.)은 설

'테홈'(תהום)과 바빌로니아의 괴물 티아마트(Tiamat) 사이의 연관성을 당연하게 생각하게 됐다. '테홈'(תהום)은 언어학적으로 티아마트(Tiamat)와 동등한 히브리어다(둘 다 '원시 바다'라는 의미가 있다—옮긴이). 여성명사 '테홈'(תהום)이 한정되지 않은 형태로 나오는 것은 고유명사로서의 본래 용례를 보여준다. 창세기 1:2에 나오는 이 단어의 용례는 티아마트와 거의 공통점이 없지만, 궁켈은 구약에서 '테홈'(תהום)이 창조를 시작하는 원시의 전투와 관련되어 있다는 전통을 갖고 있음을 설득력 있게 보여주었다(참조, 사 51:9-10). 또한 물의 관점에서 혼돈에 대한 묘사는 건조한 팔레스타인 지역의 토착적인 것(참조, 창 2:4b 이하)이라기보다는 바빌로니아의 기후를 가리키는 것으로 볼 수 있다. 따라서 우리는 창세기 1:2에 나오는 자료가 궁극적으로 신화에 그 뿌리를 두고 있다고 결론짓는다.

아무리 눈에 띄더라도 흥미로운 유사점을 지적하는 것만으로는 충분하지 않다. 외래의 신화가 히브리 창조 기록에 들어왔다는 것을 어떻게 설명할 수 있는가? 특히 우리가 제사장 문서의 성격을 기억할 때 이 질문은 진지하게 받아들여야 한다. 다시 말하지만, 바빌로니아 자료의 침투가 이스라엘

득력 있는 주석 방법이 아니다.

역사의 여명기에 일어났다고 주장한 자는 궁켈이었다.[16] 그의 주장은 너무 유명해서 반복할 필요가 없다. 간단히 말해서, 궁켈의 추론은 주로 이스라엘 내에 있는 이 (바빌로니아) 자료를 동화시키기 위한 오랜 기간의 투쟁을 보여주는 내부 증거에 기반을 두고 있었다. 궁켈의 주장에 대한 가장 진지한 공격은 모빙켈(Mowinckel)에게서 나왔는데,[17] 그는 새자료비평(new source criticism)을 근거로 앗시리아(앗수르) 시대에 외래적인 것이 들어왔다는 것을 증명하려고 시도했다. 올브라이트(Albright)는[18] 모빙켈의 주장에 응답하면서 궁켈의 입장을 옹호했는데 주로 고고학이라는 외부 증거를 가져왔다. 그는 그 시기에, 가부장적 전통과 매우 밀접하게 연결되어 있고 기원전 7세기에서 5세기까지 널리 퍼진 가나안 신화의 특징적인 징후를 전혀 보여주지 않는 자료가 들어오기는 불가능하다고 결론지었다. 그는 오히려 기원전 1750년까지 시리아에서 바빌론에 이르는 주요 도시가 아모리 왕조에 의해 통치됐기 때문에 '아모리족'과 원아람족(Proto-Aramaeans)이 기원전 2000년 이후 기간 동안 유프라테스강 상류 지역으로 구전

---

16. Gunkel, *op. cit.*, pp. 119f.

17. S. Mowinckel, *The Two Sources of the Predeuteronomic Primeval History (JE) in Gen. 1-11* (Oslo, 1937); *JBL*, 58, pp. 88ff.

18. Albright, *JBL*, 58, pp. 93ff.

전통을 가져왔다고 제안했다.[19] 그런 다음 이 전통은 북부 메소포타미아에서 히브리 조상에 의해 기원전 제2천년기 중반 이전에 가나안으로 옮겨졌다. 바빌로니아 전통이 가나안 문화를 통해 매개됐다는 더 이전의 견해는 우가리트에서의 텍스트 발견 이후로 그 가능성이 낮아 보인다.[20]

---

19. Albright, *From the Stone Age to Christianity* (2nd ed., Baltimore, 1946), pp. 180f.

20. 우가리트에서의 발견은 용 신화의 복잡성을 보여주었다. Gunkel조차도 획기적인 책을 출판한 지 얼마 되지 않아 그 전통이 자신이 처음 생각했던 것보다 더 다양하다는 것을 깨달았다. H. Schmidt, *Jona* (Göttingen, 1907), p. 89을 참고하라. 가나안 신화에 대한 우리의 단편적인 지식으로 볼 때 용의 싸움은 다양한 형태로 존재했음이 분명하다. 따라서 로탄(Lotan)의 공격(I AB)은 얌(Yam)과 바알(Baal)의 전투(III AB, A)와는 다른 신화 전통이다. 그러나 이 두 신화에서 전투는 세계의 원창조(original creation)와 관련이 없다. 예언자들은 종종 창조에 대한 언급 없이 이 가나안 전통에 의존하는 것을 반영한다(암 9:3; 사 51:9f.; 사 27:1; 나 1:3ff.; 합 3:8). Lods, *RHPR*, 16 (1936), pp. 113ff.; Eissfeldt, *Ras Schamra und Sanchunjaton* (Halle, 1939), pp. 144f.; Baumgartner, *TR*, 12 (1940), p. 188; 13 (1941), p. 163을 참조하라. 그럼에도 불구하고 가나안 자료는 바빌로니아의 혼돈 신화의 틀 안에서 연구되어 왔다. Humbert, *AO*, XI, pp. 235-237은 구약에서 용의 싸움에 대한 모든 언급이 실제로 야웨의 한 적을 염두에 두고 있음을 보여주었다. 혼돈의 신화는 북부 메소포타미아에서 이스라엘의 전통에 들어왔지만, 히브리인들이 가나안 신화와 접촉하면서 원래 (가지고 있던) 신화적 전통을 채우기 위해 사용했다. 최근의 논의에 대해서는 J. Gray, *The Legacy of Canaan* (Leiden, 1957), pp. 26ff.; O. Kaiser, *Die mythische Bedeutung des Meeres in Ägypten, Ugarit und*

우리는 지금까지 내부 및 외부 증거 모두를 통해 1:2의 혼
돈에 대한 묘사가 이스라엘 전통에 들어온 외래 신화 자료의
원본에 속한다는 주장을 제시했다. 우리는 또한 그 결과로
생긴 긴장의 징후를 보았다. 이제 세계의 실재에 대한 두 가
지 서로 다른 개념이 충돌하고 있음을 보여주는 것이 우리의
관심사다. 이 충돌은 구약의 이해가 서서히 경쟁자를 파괴하
는 동화의 과정을 가져왔다. 신화와의 충돌을 연구하기 전에
우리는 창세기 1장에 나타난 구약의 세계 개념을 이해해보려
한다.

창세기 1장의 현재 형태는 초기 형태에 대한 후기 개정판
이라는 점에서 큰 의미가 있다. 동화 과정에서 이 증인(제사
장)의 특별한 관심사가 특히 분명해지기 때문에 창조에 대한
제사장들의 이해에 흥미로운 길을 제공한다. 제사장 개정판
의 첫 번째는 이전 체계에 '명령'(fiat) 창조 패턴을 부과하는
것이었다. 제사장사가는 신의 초월성을 강조하는 바빌론 포
로기 이후의 관점 아래서 '아사'(עשה, "만들다")라는 어근을 재
해석했다. 우리는 1:7에서 그 예를 볼 수 있다. "하나님이 궁
창을 만들어 … 나누셨다." 그 앞에 1:6이 들어간다. "하나님

Israel (Berlin, 1959); S. E. Loewenstamm, *IEJ*, 9 (1959), p. 260; M.
Dahood, *JBL*, 80 (1961), pp. 270f.를 참조하라.

이 말씀하셨다. '궁창이 생겨라. … 그리고 나누어져라.'" 제사장사가는 7절을 폐기하지 않고 6절을 삽입하여 재해석했을 뿐이다. 추가를 통한 동일한 재해석은 창조 기록 전반에 걸쳐 증명된다. 1:14-15은 하늘의 창조를 1:16-17에 대한 '명령' 행위로 제시한다. 1:20은 수중 생물과 새의 창조를 21절에 대한 '명령' 행위로 해석한다. 더 오래된 묘사에 대한 자세한 분석을 제시하는 것은 우리의 목적이 아니며, 이는 단지 더 오래된 신화 자료를 새로운 신학적 틀에 동화시키는 저자의 경향을 보여주기 위한 것이다.

재작업의 두 번째 암시는 구약 학자들에 의해 오랫동안 지적되어 왔다. 창세기 1장에 있는 6일의 현재 배치는 8일이라는 더 이른 구조 위에 구성되어 있다. 안식일 제정에 필요한 6일의 틀을 맞추기 위해 3일과 6일에 각각 두 가지 창조 행위를 결합했다. 이 편집의 목적은 분명하다. 곧, 세상의 창조는 시간 질서와 불가분의 관계에 있다는 것이다. 첫 번째 안식일은 창조 후 일곱째 날에 제정됐으며, 안식일은 시간의 흐름에 따라 일년 내내 정해진 순서대로 계속된다. 이 생각은 이미 징조(אתת)와 계절(מועדים, 창 1:14)을 이루는 광명체의 창조에 내포되어 있다. 그것들의 기능은 빛의 근원을 제공하는 것이 아니었다. 빛은 이미 발광체와 별개로 1:3에서 생성

됐다. 오히려 창조 기록에 있는 징조(אוֹת)의 목적은 창조 내
에서 시간의 진행을 보증하는 데 있었다. 그것들은 창조의
영원성에 대한 증인이 됐다.[21] 제사장사가가 안식일 개념에서
강조한 이러한 시간에 대한 이해는 바빌로니아인의 개념과
현저하게 대치된다. 바빌로니아인에게 빛(들)은 계시의 주요
수단 중 하나로 작용했다. 신들이 정하는 세상의 운명은 하
늘의 움직임에 반영됐다. 빛(들)은 세상 사건의 징조가 됐지
만, 창세기에서와 같이 하나님의 창조를 시간적으로 표시한
것은 아니었다. 점성술의 순환적 사고에서 시간은 특별한 의
미를 갖지 않는다. 오직 **역사**가 확립됐을 때 비로소 전진
(progression)의 표지가 중요해진다.

사가는 물려받은 전통을 재구성했기에 제사장 개정판의
이 두 가지 예는 저자의 특정한 신학적 관심을 분명히 하는
데 도움이 된다. 하지만 저자의 신학은 창세기 1:1에서 가장
분명하게 표현되어 있다. 이 구절은 하나님 바깥에 놓여 있
는 실재로서의 세상의 본질을 독특하게 증거한다. 우리는 이
구절이 문법적으로 두 가지 다른 방식으로 해석될 수 있음을
이미 살펴보았다. 독립적인 문장으로 읽거나 3절에 종속된
시간절(temporal clause)로 읽을 수 있다. 문법적으로 선택의 여

---

21. C. Keller, *Das Wort Oth* (Basel, 1946), p. 127.

지가 있지만 P(제사장 문서)의 신학은 후자의 가능성을 배제한
다. 첫째로 우리는 그가 가진 자료에 대한 하나님의 절대적
인 초월성을 강조하려는 제사장사가의 노력을 보았다. 따라
서 그가 고대 근동 신화의 전형적인 시작을 손대지 않고 그
대로 두거나, 이미 존재하고 있던 혼돈의 사실과 그렇게 쉽
게 화해했을 것 같지는 않다. 그 번역은 창세기 1장 안에 마
찰이 거의 없다는 점에서 두드러진다. 하지만 대안적인 형식
을 선택해서 1절을 표제로 읽으면, 이미 존재하던 혼돈의 어
려움이 확실하게 극복되지 않는다. 이 두 구절 사이에 불일
치가 있음에도 불구하고, 제사장사가는 "처음에 하나님이 하
늘과 땅을 창조하셨다"라고 증언했다. 하나님은 자신의 창조
에 의해 자신의 외부에 실재(reality)로 존재하는 세상의 완전
하고 유일한 원천이다.

둘째로 이 결론은 1:1의 내용에 의해 강화된다. "창조하
다"(ברא, '바라')라는 동사는 신적 창조에만 사용되며, 동사의
직접 목적어는 항상 생산물(product)이지 물질/질료(material)가
아니라는 것은 잘 알려진 사실이다. 러스트(Rust)는[22] 자신의
책에서 신적 창조 행위로서의 '바라'(ברא)의 독특함을 인정

---

22. F. C. Rust, *Nature and Man in Biblical Thought* (London, 1953), pp. 33ff.

하지만, 아이히로트(Eichrodt)가 여기에서 무(無)로부터의 창조 (*creatio ex nihilo*)를 찾으려고 한 시도에는 강력하게 반대한다. 그러나 무(無)에서 무언가를 산출한다는 것은 인간 실존의 영역에서는 유추할 수 없다는 사실에 바로 그 독특함이 있지 않는가?[23] 무로부터의 창조가 구약에서 결코 명시적으로 표현된 적이 없다는 점을 인정해야 한다. 그럼에도 불구하고 하나님의 행위의 독특성에 대한 강조와 동시에, 물질/질료를 가리키는 목적어의 생략은 이미 존재하는 혼돈의 실재와 매끄럽게 조화를 이룰 수 없었다. 세상의 실재는 존재하던 물질/질료의 재형성으로 된 것이 아니라 (무로부터의) 창조의 결과다. 1절을 시간절로 읽는 것은 1장에서 입증되는 투쟁을 충분히 진지하게 받아들이지 않는 처사다.

마지막으로, '베레쉬트'(בראשית: 개역개정에서는 "태초에"로 옮김—옮긴이)라는 단어의 사용은 종종 잘못 이해되어 왔다.[24] 러스트는 다음과 같이 쓰고 있다. "'레쉬트'(ראשית)는 일반적으

---

23. W. Foerster, *TWNT*, III, p. 1007.

24. P. Humbert, *Interpretationes ad Vetus Testamentum Pertinentes S. Mowinckel* (Oslo, 1955), pp. 85-88, 그리고 우리의 생각과 일치하는 N. H. Ridderbos, *Oudtestamentische Studien*, 12 (1958), pp. 214ff.의 답변을 참조하라.

로 어떤 시간 문장에서 최초 상태(first stage)를 가리킨다."[25] 그
러나 이것은 정확한 1:1의 사용법이 아니다. '레쉬트'(רשית)는
연속적 의미에서의 처음이 아니라 반드시 '아하리트'(אחרית,
"마지막")의 반대말로 받아들여야 한다. 쾰러(Köhler)는[26] 구약
의 창조가 종말론적 개념임을 강조하면서 이 문제를 명확하
게 보았다. 창세기 1:1의 하나님은 이사야 44:6과 48:12의
"처음"(ראשון, '리숀')과 "마지막"(אחרון, '아하론')에서 가장 가까
운 유사점을 발견할 수 있다.

고대 근동 신화는 초월적인 신의 자유로운 창조로서의
세상의 실재에 대한 제사장들의 이해와는 현저히 다른 대조
점을 보인다. 바빌로니아의 '에누마 엘리쉬'(Enuma elish) 신화
는 그런 패턴의 고전적인 예를 제공한다. 세상의 실재가 형
성되기 전에 물의 혼돈만이 존재하던 시간이 있었다. 이 혼
돈으로부터 담수(淡水, sweet water)와 원시 바다(티아마트—옮긴이)
가 결합되어 신들이 생겨났다. '창조'는 기존의 물질을 현재
의 세상 질서로 개편하는 것이었다. 우리의 연구는 1:2이 비
슷한 전통에 뿌리를 두고 있다는 것을 보여 주었지만, 그 구

---

25. Rust, *op. cit.*, p. 32.
26. L. Köhler, *Theologie des Alten Testaments* (3rd ed., Tübingen, 1953), p. 72. [ET (London, 1957), p. 88.]

절의 현재 상태는 엄청난 변화를 나타낸다. 우리는 '테
홈'(תהום)이라는 단어가 비한정 여성 형태를 유지하고 있지
만 지금은 의미가 없는 흔적으로만 남아 있음을 알게 됐다.
그리고 이 단어의 독립적인 생존은 비교종교학과의 유사점
이 없었다면 그 신화적 기원을 알아채지 못했을 정도로 '탈
신화화되어'(demythologized) 있다. 비슷한 방식으로 '토후'(תהו)
와 '보후'(בהו)는 형태가 없는 집합체(formless mass)만을 표현
했고 개별적인 의미를 모두 잃어버렸다. 우리가 탈신화화의
초기 단계에서 비슷한 혼돈의 전통과 비교해 볼 때, 오랜 투
쟁의 역사 없이는 그러한 엄청난 변화가 일어나지 않았음이
분명하다(참조, 사 51:9-10). 우리는 신화적 형태가 얼마나 끈질
기게 유지되고 있는지를 본다.

　　제사장사가가 신화적 개념을 동화시켰음을 나타내는 이
증거에도 불구하고 우리는 여전히 2절을 설명하는 문제에
직면해 있다. 여전히 혼란을 주는 요소임에도 불구하고 왜
이 조각이 남아 있는가? 그 사가가 동화를 완전히 끝내지 못
했다고 가정할 수 있는 것인가? 아니면 시간이 허락했다면
그는 그 구절을 완전히 제거했을까? 우리는 성경의 저자가
이 재작업된 자료에 뚜렷한 증거를 주입했는지 여부를 결정
해야 하는 문제에 직면해 있다. 제사장사가가 신화 전통을

자신의 신학에 완전히 통합할 수 없었다는 궁켈의 해석과[27]
뒤이은 다른 많은 사람들의 해석은 만족스럽지 않다. 제사장
사가는 너무나도 주도면밀해서 반쯤 소화된 어떤 조각이 자
신의 창조 기록에 들어서도록 허용하지 않았다. 게다가 사가
의 정확한 의미를 표현하는 언어의 부적절성에 대한 침멀리
(Zimmerli)의[28] 강조는 부분적으로는 사실이지만 적절한 설명
이 아니다. 오히려 바르트(Barth)와[29] 폰 라트(von Rad)에 의해[30]
1:2에 대한 확신 있는 평가의 방향이 제시됐다. 이 구절은 신
화적인 냄새가 난다는 바로 그 이유 때문에 창조의 특정 측
면을 증거하는 데 유용한 수단이 됐다. 폰 라트는 그 구절에
서 '신앙의 특별한 관심사'를 발견했다. 1:2은 창조의 '부정적
인' 측면인 혼돈을 통해 묘사하는 역할을 한다. 곧, 창조는 무
(無)의 상태와 대조되는 것이 아니라 오히려 혼돈과 대조된
다. 혼돈의 실재는 하나님의 창조가 아니며, 하나님으로부터
독립된 악의 이원론적 원리도 아니다. 그럼에도 구약의 저자
는 창조를 무의미한 중립의 배경이 아니라 하나님의 뜻에 반
하는 적극적인 혼돈과 대조하려고 애쓴다. 그것은 계속 존재

27. Gunkel, *Genesis*, pp. 104f.

28. Zimmerli, *1. Mose 1-11*, I (Zürich, 1943), pp. 35f.

29. Barth, *op. cit.*, p. 119; III-3 (1950), pp. 406f.

30. Von Rad, *op. cit.*, p. 38. (ET, p. 48.)

해 왔으면서 하나님의 창조를 지속적으로 위협하는 실재다. 혼돈은 하나님이 거부한 실재다. 그것은 창조의 일부를 형성하고 있지 않지만 그럼에도 불구하고 위협적인 가능성으로 존재한다. 그렇기에 예레미야는 하나님이 심판으로 그의 백성을 버릴 때 이 혼돈으로 되돌아가는 것을 묘사한다(렘 4:23-26).

제사장사가는 1:1의 이 확언으로 신화를 깨뜨렸다. 그러나 그는 신화를 완전히 파괴하지는 않았다. 그는 자신이 사용할 수 있는 신화 속에 그 요소를 남겨두고, 현실에 대한 자신의 이해에 관한 증인 역할을 하도록 전통을 재구성하며, 창조에 대한 하나님의 절대 주권을 증거한다. 이 확언에 대한 2절의 저항은 증거의 부적절함에서 비롯된 것이 아니라 세상의 실재 그 자체의 복잡성에서 비롯된 것이다.

B. 창세기 3:1-5

뱀은, 주 하나님께서 만드신 모든 들짐승 가운데서 가장 간교했다. 뱀이 여자에게 물었다. "하나님께서 '너희는 동산의 어떤 나무에서든지 [열매를 따] 먹어서는 안 된다'고 말씀

하셨느냐?" 여자가 뱀에게 대답했다. "우리는 동산 안에 있
는 나무의 열매를 먹을 수 있다. 그러나 하나님께서, 동산
한가운데 있는 나무의 열매는, 먹지도 말고 만지지도 말라
고 하셨다. 어기면 우리가 죽는다고 하셨다." 뱀이 여자에
게 말했다. "너희는 절대로 죽지 않는다. 하나님께서, 너희
가 그 나무 열매를 먹으면, 너희의 눈이 밝아지고, 하나님
처럼 되어서, 선과 악을 알게 된다는 것을 아시고 그렇게
말씀하신 것이다."

이 구절은 다소 갑작스럽게 뱀을 소개하는 것으로 시작
한다. 뱀은 들판의 모든 동물들 중에서 가장 영리한 특징이
있다. 더 중요한 것은 뱀이 하나님이 창조한 동물 중 하나라
는 것이다. 그는 사탄도 악마도 아니며, 3:1에 따르면 그저 하
나님의 피조물 중 가장 교활한 존재다. 본문은 배경 설명으
로 한 단어도 낭비하지 않고 곧바로 요점에 도달한다. 뱀은
여자에게 말을 건네면서 대화한다. 밀턴(Milton)은 그 여자가
뱀의 말솜씨에 완전히 놀랐다고 묘사한다.

이것은 무엇을 의미하는가? 인간의 언어를 짐승의 혀로 발
음하면서 인간의 의식을 표현했단 말인가?

그러나 이 텍스트에는 놀라운 사건이라는 의미는 없고, 지금의 현대 독자의 눈으로 보는 관점을 표현하고 있다. 여자는 뱀이 말하는 것에 놀라지 않고 이를 동산의 자연스러운 일로 받아들인다. 놀라운 것은 뱀의 대화 내용이다. 뱀은 분명히 하나님의 명령에 대한 일반적인 질문으로 시작한다. "하나님께서 '너희는 동산의 어떤 나무에서든지 [열매를 따] 먹어서는 안 된다'고 말씀하셨느냐?" 분명히 그 질문은 하나님의 명령을 풍자한 것이다. 게다가 질문은 '예' 또는 '아니오'라는 간단한 대답을 어렵게 만들도록 고안되어 있다. 즉, '아니오', 하나님은 모든 나무에서 먹는 것을 금하지 않으셨지만, '그래요', 한 나무에서 먹는 것을 금하셨다. 그것은 이미 반쪽의 진실을 감추고 있기 때문에 대답에 설명이 필요한 질문이다. 이 교활한 질문의 주요 목적은 뱀이 선택한 주제에 관한 대화에 여자를 끌어들임으로써 달성된다. 본회퍼(Bonhoeffer)는 『창조와 타락』(Schöpfung und Fall; 복있는사람, 2019 역간)에서 이것을 "하나님에 **관한** 첫 번째 대화"라고 불렀다.[31]

여자는 하나님을 변호하는 데 급급하다. 그녀는 열성적으로 명령의 엄격함을 과장하기까지 한다. 아직 피해가 발생

---

31. München, 1933, p. 63. [ET, *Creation and Fall* (London, 1959), p. 70.]

하지는 않았다. 뱀은 그녀의 대답을 따라가며 질문을 던진다. 여자에게서 답을 원하는 첫 번째 질문의 사악한 성질은 하나님의 명령을 반복했을 뿐만 아니라 그를 평가한 데에서 나타난다. 그것은 하나님의 성품에 대한 의심을 불러일으켰다. 인간을 아름다운 동산에 놓아두고, 가학적으로 그 동산을 누리지 못하게 하는 이 하나님은 어떤 하나님인가? 여자는 하나님을 변호하지만 그로 인해 그녀의 믿음의 자리는 무너졌다. 그녀는 이제 스스로 하나님의 동기를 판단하는 재판관이 됐다. 그녀는 하나님의 말씀 외에 또 다른 정보 출처를 가지고 있었다. 그녀에게 완전히 새로운 가능성의 장이 열렸다.

이것이 본문을 과장해서 읽는 것이 아니라는 점은 두 번째 질문에서 분명해진다. 첫 번째 질문에 의도된 문제 상황을 포착했을 때 비로소 간접적인 교활함에서 직선적인 모순으로의 급격한 전환을 직면하게 된다. 이제 뱀은 직접적인 모순과 비난이라는 무기로 정면 공격을 펼칠 수 있다. '너는 정말로 죽지 않을 것이다!' 하나님은 단지 자신을 보호하고, 선한 일로부터 너를 막겠다고 위협했을 뿐이다. 먹음으로써 '너는 선과 악을 아는 하나님처럼 될 것이다'(you will be like God knowing good and evil). "선과 악을 아는"이라는[32] 어구는 모

---

32. "선악에 대한 지식"이라는 어구의 정확한 의미를 결정하는 문제는 매

호하지만, 가장 좋은 해설은 그것에 선행하는 "하나님처럼
되다"(be like God)라는 어구에 있다. 그 나무에는 갑자기 여자
가 습득할 수 있게 된 신적 지식의 비밀이 들어 있었다. 그 여
자는 전에도 하나님의 명령을 평가한 적이 있었다. 그녀는
다시 반쪽짜리 진실(half-truth)에 직면했고 판단하도록 요청받
았다. 결정적 순간은 창세기 3장의 저자에 의해 가장 섬세한
방식으로 구성된다. "저자가 3:6에서 그리는 멋진 그림은, 여
자가 나무 앞에 서서 곰곰이 생각하다가 결정하게 되는 무언
의 장면이다."[33] 뱀이 계획한 사악한 일이 이루어지면, 그는
이야기의 중심에서 사라지고 하나님의 형벌을 받을 때 잠시

우 복잡하며 본 연구의 범위를 벗어난다. Vriezen, *Onderzoek naar de
paradijsvoorstelling bij de oude semietische Volken* (Wageningen,
1937), pp. 142ff., 1937년까지의 다양한 논의에 대한 참고 문헌을 참조
하라. 또한 P. Humbert, *Études sur le récit du Paradis et de la chute
dans la Genèse* (Neuchâtel, 1940), pp. 82f.; Barth, *op. cit.*, III-1, pp.
325ff. [ET. pp. 284ff.]; A. Kolping, *Alttestamentliche Studien
Noetscher* (1950), pp. 137f.; I. Engnell, '"Knowledge" and "life" in the
creation story', *Wisdom in Israel and in the Ancient Near East*, ed.
Noth and Thomas (Leiden, 1955), pp. 103ff.; Buchanan, *JBL*, 75, pp.
114ff.; B. Reicke, 'The Knowledge Hidden in the Tree of Paradise',
JSS, 1 (1956), pp. 193ff.; R. Gordis, 'The Knowledge of Good and Evil
in the Old Testament and the Qumran Scrolls', *JBL*, 76 (1957), pp.
123ff.를 참조하라.

33. Von Rad, *op. cit.*, p. 72. [ET, p. 87.]

돌아온다.

이 장을 대수롭지 않게 읽는 독자라도 야웨사가의 문학적 능력은 어느 정도 엿볼 수 있어야 한다. 저자는 인간이 존재의 궁극적인 문제에 직면해 하나님에 대한 순종의 관계에서 스스로 벗어나는 모습을 섬세하게 그린다. 그렇지만 이렇게 전체적으로 잘 구성됐음에도 불구하고 이 장 전체에 걸쳐 흐르는 혼란스러운 요소가 있다. 우리는 바로 1절에서 뱀이 단순히 하나님이 창조한 동물 중 하나임을 알게 됐지만, 뱀의 행위는 그 묘사와 거의 일치하지 않는다. 우리는 뱀의 대화를 통해 놀란다. 이 사악한 유혹의 기술을 어떻게 설명해야 하는가? 그는 나무에 대한 이 신적 지혜를 어디에서 얻었는가? 그리고 무엇보다도, 하나님에 대한 그의 노골적인 증오를 어떻게 설명할 수 있는가? 단순한 뱀으로 보이던 것이 가장 복잡한 성격을 띠게 됐다. 뱀의 형상 이면에는 여전히 이전의 삶을 반영하고 있는 또 다른 모습이 반짝이고 있다. 그러한 독립적인 원형상(original figure)의 모습이 수정된 단순한 뱀의 틀과 여전히 투쟁하고 있기 때문에 긴장이 존재한다.

원형상의 본질에 대한 구약학자들의 답변이 다양하고 이견이 많은 것은 당연하다. 창세기 3장의 뱀에게서 창세기 1

장의 티아마트와 유사한 괴물을 보아 왔던 오래된 견해는 칭
찬할 만한 것이 거의 없다. 두 생물 모두 반신적(anti-godly) 증
오를 가지고 있는 것은 사실이지만, 그들이 가진 특성들은
크게 다르다. 티아마트는 외양이 무시무시한 괴물로 야전(野
戰)에서 사용하는 우주적 힘을 가지고 있다. 창세기 3장에 나
오는 뱀은 겉으로 보기에는 혐오스러운 모습이 전혀 없지만
교활하게 속인다. 이 대조점을 보자면 창세기 3장은 창세기
1장과는 다른 전통에서 유래됐음이 분명하다.

프리젠(Vriezen)은[34] 3장의 뱀이 원래 숨겨진 지혜의 신비
로운 원천인 마법의 동물로 생각됐다는 견해를 뒷받침하는
강력한 주장을 제시했다. 그는 '뱀'이라는 단어의 어근(נחש)
이 "점을 치다"라는 의미를 가지고 있으며, 구약의 여러 곳에
서 뱀이 마술과 직접 연결되어 있다고 지적한다(민 21:9; 왕하
18:4). 프리젠은 바우디신(Baudissin)의[35] 지지를 받았는데, 바우
디신은 이스라엘 사람들이 페니키아의 에쉬문(Esmun) 숭배와
유사한 뱀 숭배를 가나안 사람들로부터 물려받았을 가능성
이 매우 높다고 보았다. 게다가 서-셈족 세계에서의 뱀은 인

---

34. Vriezen, *op. cit.*, pp. 177f.

35. W. W. Baudissin, *Studien zur semitischen Religionsgeschichte*, I
    (Leipzig, 1876), pp. 287f.; *Adonis und Esmun* (Leipzig, 1911), pp. 325f.

간의 적이 아니라 신성한 동물이자 숭배의 대상이라는 이러
한 주장은 뱀 숭배에 대한 고고학적 증거에 의해 더욱 뒷받
침된다.[36] 프리젠은 창세기 이야기의 요점이, 모든 마술 지식
이 신적 지식을 추구하기 때문에 반신적(anti-godly)이라고 비
난하는 데 있다고 생각한다. 뱀 숭배 이론에 대한 강력한 반
론도 있다(Skinner). 그 이론에서 제기된 뱀의 많은 특징들이
창세기 3장에 나오지만 그런 동일시에서 중요한 요소를 놓
치고 있다는 것이다. 곧, 유혹자로서의 뱀의 전체적인 활동이
이상하게도 그 그림에서 빠져 있다. 프리젠은 이러한 결여를
인식하면서 그런 유혹자로서의 특징이 "특정한 고대 이스라
엘-야웨사가의 창작물"에서 기인한 것이라고 생각했다.[37] 게

---

36. P. Toscanne, 'Études sur le serpent', *Mémoires Délégation en Perse*
(1911), pp. 153ff. (그 증거는 수사[Susa]에 관한 것이지만 팔레스타인
에게 중요하다.) H. Vincent, 'Le baal cananéen de Beisan et sa
parèdre', *RB*, 1928, pp. 512-543; W. F. Albright, *BASOR*, 31 (1928-9),
pp. 1-11; S. A. Cook, *The Religion of Ancient Palestine in the Light of
Archaeology* (1930), p. 98; K. Galling, *Bibl. Reallexicon*, (1935) under
'Schlange'. Albright, 'Astarte Plagues and Figurines form Tell Beit
Mirsim', *Mélanges René Dussaud* (1939), Part I, pp. 107-120; A.-G.
Barrois, *Manuel D'Archéologie Biblique*, II (Paris, 1953), pp. 376f.

37. F. Hvidberg, 'The Canaanitic Background of Gen. I-III', *VT*, 10
(1960), 인용 출처는 p. 179; pp. 285-294는 뱀을 가나안 신화의 바알
세붑(Zbl Baal)과 동일시한다. 뱀의 모습을 한 그는 생명을 주는 자요
치료자였다. Vriezen과 마찬가지로 그는 뱀의 매혹적인 특성을 예언

다가 하나님을 향한 뱀의 사악한 증오는 위의 이론으로는 적절한 설명을 찾지 못한다. 마지막으로 그 숭배는 창세기 3장에서 그저 작은 역할을 할 뿐이다.

그레스만(Gressmann)은[38] 뱀의 형상에서 이원론적 개념을 발견한다. 그에 따르면 뱀은 죽음을 가져오지만 생명의 근원이다. 흙먼지(dust)를 먹는 뱀의 특성 및 죽음과의 연관성으로 인해 그레스만은 뱀에게서 저승의 원신(原神, original god)의 특징을 보게 된다. 곧, 창세기 3장에서 하늘의 신 야웨와 저승의 신 뱀의 싸움을 다루는 셈이다. 헨(Hehn)은 또한 뱀이 땅속에서 사는 성격을 강조한다.[39] 이 이론은 야웨에 대한 뱀의 증오 및 하와를 지하 왕국으로 끌어들이려는 욕망을 아주 잘 설명한다. 다시 말하지만 이 이론에 심각한 문제가 없는 것은 아니다. 곧, 뱀과 저승 사이의 완전한 연관성은 본문 어디에서도 찾을 수 없다. 뱀이 흙먼지를 먹는다는 생각은 원시 부족에서 자주 발견되는 관찰 오류이며 신화론적 의미가 없는 경우가 많다. 그레스만의 이론은 일반적인 종교사에서 가져온 특징들을 도입함으로써 어려움을 겪는데, 이 경우 뱀의

적 해석으로 돌린다.

38. H. Gressmann, 'Die Paradiessage', *Festgabe Harnack* (Tübingen, 1921), pp. 32f.

39. J. Hehn, *Festschrift Merkle* (Düsseldorf, 1922), p. 146.

원래 역할에 대한 우리의 이해를 깨우치게 하기보다는 산만
하게 만든다.

위의 비평에 비추어 볼 때 궁켈의 설명이 여전히 가장 만
족스러운 것 같다. "원래 '뱀'(serpent)은 하나님과 사람 모두에
게 적대적인 뱀(snake)의 형상을 가진 사악한 악마였지만, 이
스라엘에서는 짐승으로 전락했다."[40] 이런 긴장감이 존재하
는 것은 이전 형태의 신화적 요소들이 계속 빛을 발하고 있
기 때문이다. 이제 중요한 문제는 이 자료를 조사하여 마찰
이 있는 곳을 보다 정확하게 확인하고 성경 저자가 신화를
다루는 방식을 찾는 것이다. 야웨사가는 죄의 기원과 본질을
설명하는 문제에 직면했다. 하나님은 세상을 조화로운 전체
로 창조했다. 그렇다면 현재의 불순종을 어떻게 이해해야 하
는가? 한편으로 야웨사가는 악은 하나님이 창조한 것이 아
니라고 즉시 증언했다. 그는 악과 선이 신적 본성 안에 존재
함에 따라 현실 세상에 내재하게 됐을 가능성을 단호히 배제
했다. 의심의 여지없이 2장에 나오는 전통을 결합하고, 그것
을 서로 떼어놓을 수 없게 3장과 연결한 자는 야웨사가였다.
현재 형태의 2장은 그것과 대립되는 것처럼 보이는 3장을 배
경으로 할 때 이해될 수 있다. 전체 대 분열, 신뢰 대 의심, 믿

---

40. Gunkel, *Genesis*, p. 15.

음 대 불신! 반면에 야웨사가는 우주의 이원론이 자신의 설명이 되는 일을 강력히 거부했다. 악의 근원을 하나님의 통제와 관련 없는 독립된 힘으로 돌릴 수 없었다. 뱀은 태초부터 하나님과 함께 존재한 것이 아니었다. 그는 다른 모든 생명체와 마찬가지로 신에게 자신의 존재를 빚진 피조물에 불과했다. 세상 안에 원시적 악의 원리가 존재한다는 신화는 단호하게 거부됐다.

성경 저자는 통과할 수 없는 두 개의 극단으로 표시된 이 영역에 죄의 기원을 설정했다. 본회퍼는 그것을 타락 이야기를 다루는 기묘한 '미광'(微光, twilight)이라고 매우 극적으로 묘사했다. 여기에는 해소될 수 없는 긴장감, 모든 합리화를 거부하는 이해 불가능성, 드러나기를 거부하는 신비가 있다. 악은 하나님에 의해 창조된 것도 아니고 하나님의 능력 밖에 있는 것도 아니다. 그럼에도 불구하고 죄는 활동적인 힘이요 악마의 세력이다. 그것은 하나님의 권위에 반항하는 이해할 수 없는 증오다. 그에 대한 가장 가까운 성경의 유비는 '부정적인' 혼돈의 실재에서 발견된다. 그러나 창세기 3장에서의 '부정적인 실재'는 창조물에 대한 단순한 위협의 영역을 넘어 창조물 안에서 파괴적인 실재가 됐다. 야웨사가는 악의 복잡한 실재를 전달하기 위해 신화 언어를 신중하게 변경하고 미묘하게 균형을 유지하여 사용한다. 가나안 신화의 악마적인 요소들은 동물들 중에서 불길하고 이상한 것을 전형적으로 보여주는 뱀과 관련이 있다. 야웨사가는 신화에 나오는 뱀의 악마적 성격을 유지하긴 했지만 하나님의 능력 아래에 있는 단순한 피조물에 불과하다고 확언했다. 이 불완전한 신화 언어로 만들어진 긴장은 부적절하게도 창조물에 존재하지 않는 실재의 이해 불가능성을 반영했지만, 창조물에 미친 영향은 활동적이고 악마적이었다.

성경 저자는 죄의 기원 문제에 대한 답을 제시하지 않고 그것의 한계를 한정하려고 시도했다. 그의 작업에서 가장 중요한 부분은 초기 질문의 방향을 바꾸는 것이었다. 야웨사가는 전체 이야기의 초점을 죄의 기원이 아니라 죄의 본질에 맞추기 위해 자료를 구성했다. 죄란, 하나님의 뜻에 대한 인간의 의식적인 불순종이다. 그는 뱀의 중요한 역할을 유지하면서 뱀을 주변부로 격하시키는 방식으로 인간에게 모든 책임의 무게를 전가하는 데 성공했다. 뱀은 인간의 존재 속에 잠재되어 있는 가능성을 불러일으켰다. 인간은 신의 지배로부터 자신을 해방시키려는 능동적이고 의식적인 시도를 통해 신의 창조물에 죄를 도입한 죄책을 안게 됐다.

3장에 대한 결론을 요약하자면, 우리는 이 본문을 주석하면서 신화적 자료와 현재의 성경적 틀 사이의 마찰을 지적했다. 그럼에도 이 경우 그것은 저자가 묘사하려는 성경적 실재의 사실적 증거를 제공하는 데 필요한, 계획된 긴장이다. 저자는 하나님에 대한 반역을 둘러싼 신비한 사악함에도 불구하고, 인간의 죄에 대한 증언으로 급진적으로 변형시킨 자신의 자료를 완전히 통제한다.

C. 창세기 6:1-4[41]

6:1, "그리고 이 일이 일어났다. 땅 위에 사람들(הָאָדָם, '하아담')이 늘어나기 시작하면서, 그들에게서 딸들이 태어났다. …" 이 구절은 먼 과거에 대한 막연한 언급 외에 앞서 언급된

---

41. 다양한 주석에서의 논의 외에도 다음과 같은 문헌이 중요하다. K. Budde, *Die biblische Urgeschichte* (Giessen, 1883), pp. 1ff.; O. Gruppe, *Philologus*, 47 (1889), pp. 92ff., 328ff.; O. Gruppe, *ZAW*, 9 (1889), pp. 135ff.; J. Wellhausen, *Die Composition des Hexateuchs* (3rd ed., Berlin, 1889), pp. 307f.; F. Schwally, *ZAW*, 18 (1898), pp. 142ff.; J. W. Rothstein, BZAW, 34 (1920), pp. 150ff.; H. Junker, *Biblica*, 16 (1935), pp. 209ff. (입수할 수 없는 문헌); G. E. Closen, *Die Sünde der 'Söhne Gottes', Gen. 6.1-4* (Rome, 1939); E. Kraeling, *JNES*, 6 (1947), pp. 193-208; J. Fischer, *Alttestamentliche Studien Noetscher* (1950), pp. 74ff.

어떤 것과도 연관되지 않은 채 시작된다. 문법적으로는 6:2에서 시작되는 귀결절과 더불어 그 구조가 분명하며, '하아담'은 분명히 인류 전체를 가리킨다.

6:2a, "신(들)의 아들들(בני-האלהים, '베네-하엘로힘')이 사람의 딸들의 아름다움을 보고 …" 이 구절을 이해하려면 "신(들)의 아들들"이라는 용어의 의미를 정확히 파악하는 것이 중요하다. 이 구는 욥기 1:6과 2:1에도 나오며, 38:7에서는 불분명한 형태로 나온다. 그리고 이 어구는 시편 29:1과 89:7에 나오는 '베네 엘림'(בני אלים)과 밀접하게 관련되어 있다(참조, 단 3:25). 이 어구에 나오는 '베네'(בני)라는 단어는 생물학적 아들의 신분이 아니라 집단이나 사회의 구성원임을 나타내기 위해 사용됐다(Gesenius-Kautzsch, 128 v.). '베네 하아담'(בני האדם, 삼상 26:19)은 "사람" 부류의 개인들이고, '베네 한네비임'(בני הנביאים, 왕상 20:35)은 "예언자" 부류의 개인들이며, '베네 엘로힘'(בני-אלהים)은 "신" 부류의 개인들이다. '엘로힘'(אלהים)이 단수인지 복수인지 판단하는 것은 어렵다. 분명한 복수형인 '베네 엘림'(בני אלים, "신들의 아들들", 시 29:1)이라는 구절의 유비에서는 아마도 후자의 의미(생물학적 아들이 아니라 사회 구성원—옮긴이)가 선호될 것이다. 다만 중요한 것은 본문이 하나님 부류에 속한 신적 존재에 대해 말하고 있다는 사실이

다.

위의 해석의 결과를 피하기 위해 "신들의 아들들"(sons of gods)을 비종교적이거나 일반적인 "사람의 딸들"(가나안 사람들)과 대조되는, 특별한 유형의 경건하거나 고귀한 사람들(Sethians: 셋 계열 사람들)로 설명하려는 시도가 자주 있었다. 그러나 "아들"이라는 단어가 야웨와 관련되어 이스라엘의 칭호로서 등장한 것은 논쟁의 여지가 없다(참조, 신 14:1; 32:5; 호 1:10[2:1 LXX]). 저 본문들은 창세기 6:1-4과는 완전히 다른 고상한 수사학 양식(rhetorical style)의 일부일 뿐 아니라, '베네 엘로힘'(בני אלהים)과 평행을 이루지도 않는다. 단 하나의 정확한 평행이라고 한다면 구약에서 엄격히 회피하고 있는 '베네 야웨'(בני יהוה)가 될 것이다. 마지막으로 그러한 모든 '윤리적' 오역에 반대하는 결정적인 논거는 6:1의 "아담"(אדם)이 분명히 인류 전체를 가리키고 있다는 사실이다. 이 단어가 6:2에서 갑자기 제한된 의미를 가질 수 없다. 그러므로 '베노트 하아담'(בנות האדם, "사람의 딸들")이라는 구는 특정한 부류의 사람이 아니라 인류의 딸들을 가리킨다.

6:2b, "… 그들은 자기들이 택한 모든 (여자들을) 아내들로 삼았다." 강조점은 "신들의 아들들"이 "사람들의 딸들"(daughters of men)에게 육체적 매력을 느꼈다는 데 있다. "신들의

아들들"은 그들의 초자연적인 힘 때문에 사람들의 딸들 사이
에서 그들이 원하는 대로 행동할 수 있었다.

6:3, "그러나 야웨께서 말씀하셨다. 나의 영이 영원히 사
람과 함께(with man) 머무르지(?)(ידון, '야돈') 않을 것인데, 이는
그가 육신이기 때문이다(?)(בשגם, '베샥감'). 그의 날은 백이십
년이 될 것이다." 이 구절은 매우 어려워서 만족스러운 해결
책을 얻을 수 있을지 모르겠다. 이 구절은 앞 구절과 너무 갑
작스럽게 끊어지기에 우리는 그것이 편집된 것임을 확신할
수 있다. 지금까지 우리는 심판하는 야웨에 대해 아무것도
듣지 못했는데, 갑자기 '야웨의 신탁'이라는 형태의 심판을
보게 된다. 전통적으로 "머무르다"로 번역된 동사 '야돈'(ידון)
을[42] 설명하는 일은 늘 어려웠다. 우리는 문맥에 상식적으로
들어맞는 번역이 그 의미에 가까울 것이라고 추측할 수 있을
뿐이다. 게다가 "영"(רוח, '루아흐')이라는 단어의 의미를 분석
하는 일 역시 어렵다. 벨하우젠(Wellhausen)은 '루히'(רוחי, "나의

---

42. 칠십인역(LXX), 불가타(Vulgate), 페쉬타(Peshitta) 및 옹켈로스
(Onkelos)의 타르굼(Targum)은 "머무르다", "남아 있다"의 의미를 나
타내고, 쉼마쿠스(Symmachus)는 그것을 "판단하다"로 번역한다. 이
두 가지 모두 어원학적으로 의심스럽다. 후자와 관련하여 어근 דון이
바브(ו)와 함께 나타난다고 가정할 증거는 없다. 파생에 대한 다른 많
은 시도는 가설로 남아 있다. 가장 최근의 설명은 E. A. Speiser, *JBL*,
75, pp. 126ff.를 참조하라.

영")가 신들에게 공통되는 신적 실체(divine substance)라고 제안
했다.[43] 이것이 인간의 영과 섞였기 때문에 무질서가 창조 세
계에 들어왔고 야웨는 거기에 심판을 선언했다는 것이다. 벨
하우젠은 이미 그 해석에 대해 매우 큰 어려움을 느끼고 있
었다. 논리적으로 단지 사람의 수명이 짧아진다고 해서 인류
내에서 신적 실체가 전파되는 것을 막을 수는 없기 때문에
그것은 6:3b과 잘 맞지 않는다. 어떤 사람들은 (인류의) 멸망
을 예상할 것이다. 따라서 이에 벨하우젠은 이 구절을 난외
주(gloss)로 뺐다. 또 다른 제안으로서 딜만(Dillmann, *loc. cit.*)은
'루히'를 창조 시에 인간에게 심어진 신적 생명의 원리로 본
다(창 2:7). 그 심판의 요점은 야웨가 사람의 영을 거둠으로써
인간의 수명을 백이십 년으로 단축시켰다는 것이다. 이 해석
이 실제로 더 좋아 보이긴 하지만 1-2절과의 연관성이 부족
하기 때문에 어려움이 남아 있다. 우리는 이 본문을 전체적
으로 고려하면서 다시 이 문제로 돌아올 것이다.

다음 두 어구는 똑같이 당혹스럽다. "사람과 함께"(in man)
라는 표현은 누구를 의미하는가? 우리는 6:1과 2절에 나오는
'하아담'(האדם)이 일반적으로 인류를 의미하며, 이러한 의미
가 계속 이어진다고 기대하는 것은 당연하다고 주장했다. 왜

---

43. Wellhausen, *op. cit.*, p. 308.

인류에게 심판이 내려져야 하는가? 더군다나 이어지는 단어
(한국어 어순으로는 앞에 있는 단어—편집자)와의 연관성을 보는 것
또한 어렵다. 야웨의 영이 인류에게 "영원히" 약속됐던 적은
없다. 우리가 '바아담'(בָּאָדָם, "사람 안에")을 "신들의 아들들"과
"사람들의 딸들"이 결합하여 탄생한 새로운 세대로 이해할
때 비로소 "영원히"라는 말의 의미를 알 수 있다! 이 부자연
스러운 결합의 자손은 영생을 주는 초자연적인 실체를 그들
의 신성한 아버지로부터 받았었다고 주장하는 셈이다. 칠십
인역은 "이 사람들 안에"(in these [τούτοις] men)로 번역하여 그
해석을 지지한다.

'바아담'에 대한 이러한 이해는 "그가 육신이기 때문이
다"라는 어구에 의해 확인되는 것 같다. 현대 주석가들은 '베
샤감'(בְּשַׁגַּם: 여기서는 "~때문이다"[because]로 번역됨—편집자)이라는
단어가 일반적으로 전치사 '베'(בְּ), 관계사 '아쉐르'(אֲשֶׁר), 부
사 '감'(גַּם)의 어색한 조합이라는 데 대체로 동의한다. 이 읽
기는 우리가 새로운 혼혈 세대(bastard generation)를 가리키는
'바아담'(6:3)을 선행사로 취할 때에만 의미가 있다. 그다음에
"또한/역시"(גַּם)는 이 존재들을 나머지 인류와 대조하여 설
정한다. 야웨는 자신의 영을 거두고, 신성에 대한 그들의 주
장을 거부하면서, 그들도 역시 다른 인간들과 마찬가지로 육

체(בשר, '바사르')일 뿐이라고 판단한다. '바사르'(בשר)는 '루아흐'(רוח)의 생명을 주는 힘과 대조되어 인간 본성의 일시적이고 부패하기 쉬운 약한 면을 나타낸다.

6:3은 "그의 날은 백이십 년이 될 것이다"라는 이상한 구절로 끝맺는다. 여기에는 해결을 요구하는 수많은 질문이 넘쳐난다. 이것은 일반적으로 인류를 가리키는 말인가, 아니면 이 새로운 세대만을 가리키는 말인가? 이것은 개인의 나이에 대한 제한인가, 아니면 형벌 전의 유예/은혜 기간인가? 우선, '야마브'(ימיו, "그의 날들")의 단수 접미사는 6:1에서 '아담'(개역개정에서 "사람"―옮긴이)과 관련하여 사용된 복수 접미사 '라헴'(להם: 개역개정에서 "그들에게서"―옮긴이)과는 대조적으로 그 선행사가 6:3의 '아담'임을 나타낸다. 이 구절은 주로 새로운 세대와 관련된다. 그러나 내용을 보면 이것들보다 더 많은 것이 포함되어 있는 것 같다. 앞 단락에서 우리는 새로운 세대가 그들의 주장에도 불구하고 나머지 인류와 마찬가지로 '또한 육체'임을 알게 됐다. 심판에는 새로운 세대뿐만 아니라 인류 전체가 포함된다. 육체의 수명은 백이십 년밖에 되지 않을 것이다.

우리는 이어서 백이십 년의 정확한 의미를 결정해야 한다. 그루페(Gruppe)는 백이십 년과 홍수 이전의 은혜의 기간을 연결하기 위해 처음으로 정교한 변론을 제시했다.[44] 그는 재구성된 페니키아 신화로 이것을 지지했다. 그 신화의 내용은 인류가 3대에 걸쳐 신들을 자극했다는 것이다. 파에톤 (Phaethon)의 오만한(ὕβρις) 마지막 행동은 하늘로 날아가려는 시도였으며 이를 통해 홍수가 일어났다. 그루페는 "백이십 년"에서 이 전통을 반영하려고 노력했는데, 이는 평균 사십 년의 3세대 합이 총 백이십 년이기 때문이다. 이 이론은 자의적으로 재구성됐을 뿐만 아니라 창세기 6:1-4에 나오는 기본적인 원인론적 모티프(aetiological motif)를 인식하지 못했기 때문에 어려움을 겪고 있다. 그 신화가 본래 홍수와 관련이 있었는지 여부가 가장 의심스럽다. 더욱이 백이십 년이라는 것이 멸망되기 전의 시간 제한을 설정하는 것이라면, 어느 정도의 명확성을 위해 문장이 다음과 같기를 바랄 수 있다. "그의 **남은 날들**은 백이십 년이 될 것이다."

이러한 이유들에 비추어 볼 때, 백이십 년을 인간의 개별적인 수명 제한으로 해석하는 것이 더 바람직해 보인다. 물론 백이십 년에 대한 언급이 어떤 의미를 가지려면 우리는 정상적인 수명에 관한 이전의 언급이 있었을 것이라고 주장할 수도 있다. 그러나 우리는 헤로도토스(Herodotus: I, 163; III,

---

44. Gruppe, *Philologus*, 47, pp. 100ff.

23)로부터 백이십 년이 인간의 정상적인 수명으로 여겨졌다
는 것을 알고 있다. 그럼에도 여전히 우리가 알 수 없는 많은
질문이 있다. 백이십 년의 시간이, 헤시오도스(Hesiod)의 『일
과 날』(Works and Days, 130)에서와 같이 한때 사람이 더 오래 살
았지만 수명이 단축되는 형벌을 받았음을 나타내는 것인지,
아니면 그 언급이 일반적인 사람이 가장 오래 살 수 있는 나
이를 가리키는 것인지를 알 길이 없다. 우리는 야웨사가(J)의
기록에 임의로 나이를 줄이는 제사장(P) 체계를 부과하지 않
도록 주의해야 한다. 그러나 크랠링(Kraeling)의[45] 이론은 이것
이 엄청나게 긴 수명을 살았던 고대 왕들의 바빌로니아 전통
에 대한 논쟁을 포함하고 있다는 점을 강조하는데 이는 의미
가 있다. 야웨사가는 거기에 백이십 년의 상한선을 부과함으
로써 그 전통을 거부한다.

　　마지막으로, 6:4, "그 당시에 땅에 거인들(הַנְּפִלִים, '한네필
림')이 있었고, 그 후에도 신들의 아들들이 사람의 딸들에게
로 들어와서 자식을 낳았다. 이들은 옛적의 용사들(הַגִּבֹּרִים,
'학깁보림')로서 유명한 사람들이었다." 이 단어의 어원은 확실
하지 않지만 민수기 13:33의 문맥에서의 '거인'의 의미가 확
실하다. 이 단어는 야웨사가 당시에도 사용되지 않는 단어였

---

45. Kraeling, *op. cit.*, p. 201.

던 것 같다. 그러한 증거는 "그리고 그 후에도"(וגם אחרי-כן)라
는 구가 나중에 삽입됐음을 강력하게 시사한다. 저 어구는
'아쉐르'(אשר: 히브리어 어순상 바로 뒤에 등장하는 단어—편집자)를 선
행사와 분리해내는데, 논리적으로는 거인에 관한 전통을 염
두에 둔 편집자가 사후에 고려한 내용으로 보인다(참조, 신
1:28; 9:2; 수 15:14). 일단 저 어구를 제거하고 나면 '아쉐르'의
인과적 의미("~이므로", "때문에")가 시간적 의미를 대체하게 된
다. 이로써 '베네 엘로힘'("신들의 아들들")의 결혼과 동시대에
있었던 현상으로서 땅 위에 거인이 존재했음에 대한 평범한
고고학적 언급이라기보다 더욱 명료한 이 구절의 본래 의미
가 드러난다. 곧, 6:4은 6:1-2과 인과 관계를 형성한다. 거인
들은 '베네 엘로힘'과 사람의 딸들의 결합에서 나온 열매다.

　　본문을 자세히 살펴보았으므로 이제 그 주석의 역사가
왜 격렬한 논쟁으로 특징지어지는지가 분명해진다. 앞의 해
석이 옳고 일반적인 결론에서도 마찬가지라면, 우리가 구약
에서 그러한 구절을 발견하는 것은 놀라운 일이다. 이 이야
기가 히브리 신앙과 어떤 관련이 있는가? 이 구절은 확실히
이스라엘의 종교보다 그리스의 신화와 더 잘 어울리는 듯한
분위기를 풍긴다. 남성으로 묘사되는 신들 사이의 거리낌 없
는 일부다처제, 그리고 그들의 구애에 저항할 수 없는 인간

여성의 무력함은 신화에서 흔히 볼 수 있는 모티프다. 예컨
대, '아폴론의 사랑 모험'(love adventures of Apollo)은 잘 알려져
있다. 유사한 전통이 페니키아에 널리 퍼져있었다는 것은 상
쿠니아톤(Sanchuniathon, Σαγχουνιάθων)의 작품에서[46] 가져온 것
으로 추정되는 비블로스의 필론(Philo of Byblos)의 불분명한 단
편을 통해 오랫동안 추측되어 왔다. 더욱이 수메르 신화, 악
카드 신화, 히타이트 신화, 우가리트 신화의 고고학적 발견
이, 정확한 평행을 제시하지는 않지만, 종종 인간들과 신들의
문란한 성관계에 대한 풍부한 증거를 제시한다.[47] 이스라엘
지파가 침투한 가나안 땅은 그런 이야기들로 가득 차 있었
다. 이 출처로부터 그 자료가 히브리 전통에 들어왔다는 것
이 가장 합리적인 가정인 것 같다.

---

46. 『신들의 계보』(theogony)의 끝에는, 아이온(Aion)과 프로토고노스
(Protogonos)의 출생 이후에, '그 시대의 여성들이 우연히 마주친 사
람들과 아무렇지도 않게 어울렸기 때문에' 어머니의 이름을 따서 자
신들을 불렀던 사멤루모스(Samemrumos)와 우소오스(Usoos)에 대한
언급이 있다: Clemen, Die phönikische Religion nach Philo von Byblos
(Leipzig, 1939), pp. 21-22에 있는 텍스트; 또한 이 파편에 대한 논의를
위해서는 Eissfeldt, Ras Schamra und Sanchunjaton (Halle, 1939), pp.
64f.를 참조하라.

47. 수메르어(Sumerian): ANET, pp. 39f.; 악카드어(Accadian): Intel-
lectual Adventure, pp. 152ff.; 우가리트어(Ugaritic): Gordon, Ugaritic
Literature (Rome, 1949), pp. 60f.; 히타이트어(Hittite): ANET, p. 125.

우리의 주석은 히브리 전통 안에 이교 신화의 외래적인 조각이 존재함을 지적했다. 그럼에도 불구하고 우리 앞에 놓인 가장 중요한 과제는 여전히 해답을 요구하는 많은 질문에 대답하는 것이다. 신화 내에서 불안감을 주는 요소는 무엇이었는가? 이스라엘의 신앙은 이 침입에 어떻게 반응했는가? 성경의 저자가 자신의 자료를 완전히 통제했는가? 아니면 동화되지 않은 조각의 흔적이 있는가? 확실히 우리가 텍스트에서 겪었던 큰 어려움은 재구성과 동화의 명확한 과정을 밝히는 것이다. 텍스트의 현재 상태는 단지 전투의 상처를 반영하는 오랜 투쟁의 결과일 수 있다. 아마도 우리는 신화 자료가 통과한 다양한 단계를 재구성함으로써 이러한 많은 문제에 대한 답을 가장 잘 얻을 수 있을 것이다. 모든 재구성은 어느 정도 가설에 의존하지만 뒷받침하는 증거는 매우 강력하다. 6:1-4은 원래의 신화의 단편(torso)만을 나타내고 있는 것이 분명하다. 우리는 '사랑 모험'으로 인도하는 배경이나 '신들의 아들들'의 결과에 대해 아무것도 알지 못한다. 고대 근동 신화의 일반적인 패턴으로 미루어 볼 때, 본래 가나안 신화의 첫 번째 단계는 아마도 더 나이든 세대의 신들의 육체적 자손인 이 젊은 신들이 어느 날 산에서 내려다보다가 어떻게 땅의 여자들을 발견했는가와 관련되어 있었을 것이다. 그들은 그녀들과 관계를 맺었지만 곧 인간 여자가 그들에게 어울리지 않는다는 것을 알게 됐다. 그녀들은 시간이 지나면서 늙었고 아름다움을 잃었다. 이러한 전형적인 특징 중 얼마나 많은 부분이 원래 신화의 일부인지 정확하게 결정하는 것은 불가능하다. 그러나 신화가 거인의 존재를 신과 인간의 이러한 혼합에서 비롯된 것이라고 설명하는 원인론적 성격을 띠고 있다는 것은 분명하다. 따라서 신화는 세상의 실재의 한 측면을 원시 시대로 투영함으로써 그 이상한 현상의 원인을 신들의 성적인 문란으로 돌렸다.

두 번째 단계에서 신화는 이스라엘의 전통에 들어갔다. 우리는 이 신화가 아직 구두로 전달되고 있었을 때 첫 훼손(mutilation)이 발생했다고 추정할 수 있다. 그러한 '사랑 모험' 같은 매우 신화적인 특징은 이스라엘의 신앙에 불쾌감을 주었지만, 이 오래된 자료가 이스라엘의 전통에 깊숙이 박혀 있었기 때문에 그것을 무해하게 만드는 데에는 오랜 시간이 걸렸다. 동화(assimilation)는 우선 신화의 원인론적 성격을 유지하면서도 신화의 시작과 끝을 단축하고 억제함으로써 이루어졌다. 그러나 가장 중요한 것은 '신들의 아들들'이라는 표현을 제거하는 것이 아니라 그들의 활동을 야웨의 직접적인 심판에 종속시킴으로써 신화의 핵심이 파괴됐다는 것이다. 이것은 신화 전통에 대한 반발로서 6:3에 나와 있다. 그 단계에서 구절들은 여전히 본래의 순서, 즉 1, 2, 4, 3절로 되어 있었다. 6:3의 끝에 오는 판결은 새로운 세대를 향하고 있었는데, 이는 쟁점이 되고 있는 실제 질문이 사람들의 불멸에 대한 주장에 관한 것이었기 때문이다. 야웨의 판결은 그 세대가 내세운 불멸에 대한 주장을 거부하는 것이었다. 신화의 본질은 신들의 신성한 영이 물질-육체적 차원에서 전달될 수 있다고 주장하는 것이었다. 신화적 개념의 실재에서는 신과 인간 사이에 질적인 구별이 없었다. 히브리 신앙은 이것을 단호히 부정했다. 이스라엘은 '루아흐'를 야웨의 통제에만 관련시킴으로써('루히', "나의 영"), 이 영은 그가 언제든지 철회할 수 있는 야웨 고유의 소유물임을 고백했다. 하나님과 사람은 단순히 정량적(quantitatively)으로만 다른 것이 아니었다. 초기 이스라엘에서 과연 어떤 집단이 신화를 향한 그러한 공격에 대해 책임이 있었는지 생각해 보면, 초기 시대의 '네비임'(נביאים, "예언자")을 생각하는 것이 가장 자연스러울 것 같다. 그때는 야웨의 영에 대한 관심이 특별히 활발했다. 어려웠던 동화의 과정은 훼손된 텍스트와 6:3의 '바아담'(באדם: 가톨릭 성경에서 '그들 안에'—옮긴이)이라는 모호한 표현에 의해 잘 입증된다.

세 번째 단계에 이르면 그 자료는, 우리가 동화 과정을 나눈 단계가 다소 인위적으로 보이긴 하지만, 야웨사가의 작업을 가리키는 분명한 증거를 제공한다. 신의 판결(6:3)을 2절과 4절 사이에 둔 것은 아마도 그의 손에 달려 있었을 것이다. 이러한 재배열은 거인의 존재와 '신들의 아들들'의 불법적인 관계 사이의 인과 관계를 완전히 깨뜨리는 효과를 가져왔다. 야웨사가에 따르면 거인은 신과 인간의 혼합에서 비롯된 것이 아니다. 이로써 원인론적 신화의 원래 목적이 파괴됐다. 탈신화화 과정이 일어난 곳을 주목하는 것이 중요하다. 신화가 육체적인 출산을 통해 신성의 주장을 확립하려고 한 시도에 반응이 일어난 것이다. 그 주장은 악한 것으로 판단되어 인과 관계가 파기됐다. '신들의 아들들'과 그들의 인간 여자들과의 관계에 대한 매우 신화적인 이야기는 거의 그대로 남겨진 반면, 신화가 조장했던 세상의 실재에 대한 잘못된 이해는 파괴됐다.

우리는 백이십 년에 대해 야웨사가가 의도한 바를 결정하는 것이 어렵다는 점에 주목했다. 그것은 인간의 수명에 대한 나이 제한일 수도 있고 유예/은혜 기간일 수도 있다. 한 가지 분명한 것은 백이십 년으로 표현된 심판이 이제 그 혼혈 세대가 아닌 모든 인류에게 내려졌다는 것이다. 백이십 년의 원래 의미가 무엇이든 간에 홍수에 대해 소개하는 현재의 위치에서, 다가오는 재앙 이전의 유예/은혜 기간과 그 어떤 연관성을 볼 수밖에 없다. 이 이야기는 6:5에서 말하는, 홍수 사건 이전에 신을 섬기지 않던 상황에 대한 한 예로 사용된다. 야웨사가는 '신들의 아들들'의 죄로 인해 인류 전체가 벌을 받는다는 이해하기 어려운 점을 무시하고 이 자료를 자신의 '역사'에 적용했다. 그것은 하나님 앞에서 인간의 죄악이 점점 더 커지는 것을 보여주는 조형적인 삽화의 역할을 한다. 신적 존재조차 창조주의 확립된 질서를 어긴다는 끔찍한 사실에서 죄의 크기를 알 수 있다.

우리의 주석은 신화를 극복하기 위한 투쟁의 긴 역사를 보여주었다. 심지어 마지막 단계에서도 훼손되고 반쯤 소화된 신화의 조각은 히브리 전통 내에서 주어진 역할에 맞서 독자적으로 투쟁한다. 신화적인 분위기를 간직하고 있음에도 불구하고 그것의 새로운 틀은 성경 역사 안에서 그 조각의 역할을 나타낸다. 그것은 거부당하고 심판받은 것을 묘사하는 '부정적인 삽화'가 됐다. 신화의 핵심은 파괴됐지만 저항하고 투쟁하는 삶은 하나님에 대한 반대를 보여주기 위해 야웨사가에 의해 다시 사용됐다. 답변되지 않은 많은 질문과 텍스트 내의 불일치로[48] 인해 이러한 자료를 사용하는 데 있어 한계가 분명히 있다. 이것은 3장에서와 같이 계산된 긴장을 가진, 고도로 다듬어진 부분이 아니다. 그럼에도 불구하고 그 자료는 성경의 저자에게 유용한 목적을 제공할 정도로 탈신화화됐다.

D. 출애굽기 4:24-26

[모세가] 길을 가다 어떤 곳에서 밤을 지내는데 야웨께서 그에게 달려들어 그를 죽이려 하셨다. 그러자 십보라가 날카로운 차돌을 가져다 제 아들의 포피를 자르고서는, 모세의 발에 대고 "나에게 당신은 피의 신랑(bridegroom)입니다"라고 말했다. 그러자 야웨께서 그를 놓아주셨다. 그때 십보라는 할례를 두고 '당신은 피의 신랑입니다'라고 말한 것이다.

구약에서 십보라가 모세의 아들에게 할례를 행했다는 기

---

48. 그 공백을 메우려는 후대 유대인 작가들의 시도가 많이 있었다. Gressmann-Bousset, *Die Religion des Judentums* (Tübingen, 1926), pp. 332ff.; A. Lods, 'La chute des anges', *RHPR*, 7 (1927), pp. 295ff.; B. J. Bamberger, *Fallen Angels* (Philadelphia, 1952), pp. 15ff.를 참조하라.

록보다 더 많은 논쟁을 불러일으킨 구절은 거의 없을 것이다. 난점은 곧바로 드러난다. 첫째, 이집트의 속박에서 그의 백성을 해방시키라고 모세에게 복을 주어 임명한 야웨(4:19)가 갑자기 그를 죽일 목적으로 공격한다. 형벌의 유형을 암시한다고 제안함으로써 동사의 힘을 줄일 수는 없다. 둘째, 독자들은 아들의 할례가 모세의 곤경과 어떤 관련이 있는지 이해하는 데 어려움을 겪는다. 마지막으로, 수수께끼 같은 선언의 의미가 가장 모호하다: "당신은 분명히 나에게 피의 신랑입니다!" 이미 아들을 둔 모세를 왜 신랑이라 부르는가(참조, 4:20)?

전통적인 해석(칼뱅[Calvin], 카일[Keil], 부버[Buber] 등)은 미디안 사람 십보라의 영향을 받은 모세가 아들에게 할례를 행하지 않아 하나님의 진노를 초래했다고 가정함으로써 이러한 난점을 규명하려고 했다. 그 까닭을 깨달은 십보라는 아들에게 할례를 행하고, 남편에 대한 분노로 그의 발 앞에 아들의 포피를 던졌다: "당신은 피의 신랑입니다." 이것은 그녀가 '그녀의 아들의 피로 남편인 그를 새로 사야 했다'(참조, 칠십인역)라는 것을 의미한다.[49] 그러나 대부분의 현대 주석가들이

---

49. Keil에 의해 승인을 받아 인용한 S. Glassius, *The Pentateuch*, I (Edinburgh, 1865), p. 460.

이 해석에 대해 부적절함을 느꼈다. 첫째, 하나님의 명령과 갑작스럽고 악해 보이는 공격 사이의 불일치가 명확하게 설명되지 않는다. 이 행위를 동일한 신에게 돌릴 수는 없다. 텍스트에는 모세가 하나님께 불순종했다고 주석가가 가정할 수 있는 어떤 것도 없으며, 그 원인이 히브리 의식에 대한 십보라의 반대에 있다고 주장하는 것도 정당하지 않다. 심리학적 장치를 사용하여 이 구절의 윤리적 수준을 앞의 구절의 윤리적 수준까지 끌어올릴 수는 없다. 둘째, 동사 '탁가'(תנג, 4:25)가 때때로 "던지다"로 번역될 수 있지만, 이 구절에서는 그 의미가 부자연스럽다. 왜 십보라는 모세의 목숨이 여전히 위태로운 바로 그 순간에 모세를 비난하고 책망해야 하는가? 이 구절을 더 분명하게 번역하면, '그의 발(들)을 만지게 했다'(made to touch his feet)이다. 만지는 것은 모세의 해방과 인과관계가 있으며 책망이 아니다. 전통적인 해석은 십보라의 말의 요지를 완전히 놓쳤다. 마지막으로 '피의 신랑'이라는 용어에 대한 설명은 가장 인위적이고 설득력이 없다. 그것은 할례와 결혼을 연결하는 근본적인 원인론적 모티프를 고려하지 못했다.

　이 마지막 지점에서 우리의 주석을 시작해 보자. 학자들은 이 아주 오래된 이야기가 원인론(aetiology)으로 분류되어

야 한다는 것을 오랫동안 인식해 왔다. '아즈'(אָז, "그때")에 의
해 도입된 시간절에서 핵심 구를 반복하는 것이 분명한 표지
다. 이 이야기는 '피의 신랑'이라는 용어와 유아 할례 사이의
특정 관계를 설명하려고 한다. 모세는 미디안에서 이집트로
돌아오는 도중에 하룻밤을 묵어야 했다. 하룻밤을 묵었던 어
떤 특정한 장소에서, 아마도 그는 밤에 공격을 받았을 것이
다. 이와 가장 가까운 평행구는 창세기 32:22 이하에 나오는
데, 야곱도 밤에 어떤 초인적인 적에게 공격을 받는다. 이 이
야기에서 미디안 제사장의 딸 십보라가 즉시 침착하게 지략
을 발휘하여 반응했다는 점에 주목하는 것이 중요하다. 그녀
의 행위는 한 구절에 요약되어 있다. 그녀는 부싯돌을 가져
다가 아들에게 할례를 행했다. 돌로 된 도구는 이야기의 시
대를 나타내는 지표로서 중요하다(참조, 수 5:2). 그다음에 그녀
는 모세의 "발"(רֶגֶל, '레겔')을 만지며 말했다. "당신은 분명히
나에게 피의 신랑입니다." '레겔'(רֶגֶל)이라는 단어는 발 또는
다리를 의미한다. 이 단어가 어떻게 사람의 벌거벗은 상태에
대해 완곡하게 표현할 수 있는지는 쉽게 알 수 있다.[50] 이 번
역으로 그녀의 할례의 목적이 분명해진다. 그녀는 남편 **대신
에** 아들에게 할례를 베풀었고, 이 행동으로 남편에게 이익을

---

50. 사 7:20을 참조하라; 사 36:12('케레'[Qerē]); 사 6:2(불확실함).

이전했다. 이 설명은 "피의 신랑"(חתן דמים, '하탄 다밈')이라는 구에서 확인된다.[51] '사위' 또는 '신랑'을 의미하는 '하탄'(חתן)이라는 단어는 '결혼하다'와 '할례를 행하다' 둘 다를 의미하는 아랍어 어근 '하타나'(ḥathana)와 밀접한 관련이 있다.[52] 이 단어에 결혼 적령기 의식(puberty rite)으로서의 할례의 원래 목적이 분명히 나타나 있다. '하탄'은 결혼을 통해 새로운 가족 관계로 들어온, 할례받은 사람을 가리킨다. 십보라는 모세의 벌거벗은 몸을 만지고, 상징적으로 그를 신랑, 즉 할례를 받은 사람으로 삼았다. 그녀는 할례를 받지 않았기 때문에 초래된 하나님의 공격으로부터 모세를 구출했다.

전체 이야기를 검토해 보면, 이는 이스라엘에서 유아 할례가 성인 할례의 일반적인 결혼 적령기 의식을 대체한 이유를 설명하기 위한 원인론이라는 것을 알 수 있다. 이 이야기가 모세의 전통에 이차적으로 받아들여졌다는 징후는 많다. 이 이야기는 선행하거나 뒤따르는 것과 연관성이 없으며, 문

---

51. J. Hehn, 'Der Blutbräutigam', *ZAW*, 50 (1932), pp. 3ff.를 참조하라. Hehn이 이 용어를 삭제한 것은 해결책이라고 할 수가 없다.

52. 악카드어 ḥatānu("보호하다")와 같은 어족인 또 다른 어원은 Y. Blau, 'The Ḥatan Damim (Ex. 4.24-26)', *Tarbiz*, 26 (1956), pp. 1ff.에 의해 제안됐다.

맥상으로 다소 고립되어 있다.[53] 게다가 이 이야기는 이스라엘의 신앙과는 전혀 다른 분위기를 풍긴다. 언약의 하나님은 진노의 하나님으로 자주 등장하지만 구약에서 사람을 밤에 기습하는 밤의 사악한 악마처럼 행동하지 않는다. 이 이야기는 순종과 불순종에 관한 종교적인 문제와도 관련이 없다. 오히려 마술적인 행위 수준에서 움직인다. 십보라는 의식을 수행하고 올바른 방식으로 진술하여 원하는 효과를 달성한다. 이야기의 요점은 유아 할례가 성인 할례를 대신해 '효과가 있다'라는 놀라운 사실을 드러내는 데 있다. 이 이야기가 빚어낸 마찰은 이스라엘 내에서만 이차적으로 동화됐던 외래 전통이 들어왔음을 다시 한번 보여준다. 원래 그 전통에 등장하는 신적 존재는 여행 중인 부부가 하룻밤의 휴식을 위해 어쩌다 선택한 특정 장소에 거주하던 밤의 악마였다. 그 악마는 할례를 받지 않았다는 이유로 남자를 공격했지만, 아들에게 대리 할례를 행한 아내의 민첩한 재치에 마음이 달래

---

53. 그 이야기는 J 자료에 이차적으로 작업됐다. Gressmann, *Mose und seine Zeit* (Göttingen, 1913), p. 57의 반대에도 불구하고, 대부분의 주석가들은 그의 재구성에 기초하여 다음과 같은 순서로 보고 있다. 출 2:23a; 4:19, 20a, 24-26. Eissfeldt, *Hexateuch-Synopse* (Leipzig, 1922), pp. 31f.; Noth, *Überlieferungsgeschichte des Pentateuch* (Stuttgart, 1948), p. 221; 다소 다르게, Simpson, *The Early Traditions of Israel* (Oxford, 1948), pp. 431f.를 참조하라.

졌다.

에두아르트 마이어(Eduard Meyer)는 수많은 현대 주석가들을 따라[54] 이 원인론으로부터 우리가 지적한 것보다 훨씬 더 신화적인 원래 이야기를 재구성하려고 시도했다. 이 재구성에 따르면 그 이야기는 원래 한 부부의 결혼식 날 밤에 초야권(*ius primae noctis*)을 주장하는 현지의 수호신(*numen*)과 관련이 있다. 그 위험을 알아차린 여인은 남편에게 할례를 행하고 그 포피로 악마의 벌거벗은 몸을 만지며 "당신은 내 피의 신랑입니다"하고 외쳤다고 한다. 이 형태의 이야기는 성인 할례의 기원을, 신에게 바치는 희생과 신랑을 보호하기 위한 것으로 설명하는 제의적 원인론(cult aetiology)이다. 마이어의 가설의 내적 일관성과 힘은 비교종교 자료에 지식이 있는 사람이라면 누구나 바로 느낄 수 있다. 이와 같은 연구를 통해 사람들은 신화적 자료가 이스라엘 내에서 얼마나 동화됐는지를 보여주는 훌륭한 예를 보고 싶어하게 된다. 그러나 이 시점에서 건전한 해석에 주의를 기울이며, 모든 문을 여는 장치를 가졌다고 생각하지 않는 것이 좋다. 그러한 신화가

---

54. Ed. Meyer, *Die Israeliten und ihre Nachbarstämme* (Halle, 1906), p. 59; H. Gressmann, *op. cit.*, p. 56ff.; Beer, *Exodus* (Tübingen, 1939), pp. 38f.; R. Meyer, *TWNT*, VI, p. 75.

기원일 가능성은 있지만 개연성이 있어 보이지는 않는다. 첫째, 복원 패턴은 놀라울 정도로 잘 맞아떨어지지만 이것은 전적으로 비교종교의 유추(類推, analogy)로부터 가져온 것이다. 게다가 그 해석을 위해서는 25절의 본문에서 "그녀의 아들"(בנה, '베나흐')을 "그녀의 남편"(אישה, '이샤흐')으로 읽는 중대한 수정을 가해야 한다.[55] 마지막으로, 가장 중요한 것으로 지금의 이 이야기는 완전히 일관성이 있으며, 해석자가 다른 기록을 찾아보게끔 하는 흔적을 남기지 않는다는 것이다.

이 자료가 이스라엘의 전통에 동화된 방식에 관해 우리는 이제 무엇을 말할 수 있는가? 이 자료를 출애굽기에 매끄럽게 조화시키려는 많은 시도는 성공적이지 못했다. 출애굽기 4:24-26은 할례가 아브라함과의 언약의 징표가 되기 훨씬 전에 야웨사가의 자료 안에 자리를 잡았기 때문에 이 이야기를 아브라함의 언약(창 17장: P 문서)과 모세의 언약 사이에 긴밀한 연관성을 확립하는 것으로 보는 피셔(Vischer)의[56] 해석은 설득력이 없다. 그런가 하면 루돌프 마이어(Rudolf Meyer)는[57] 최근에 "당신은 나에게 피의 신랑입니다"라는 구절이 첫

---

55. Gressmann, *op. cit.*, p. 56.

56. W. Vischer, *Das Christuszeugnis des Alten Testaments*, I (1935), pp. 210f., ET (London, 1949), pp. 170f.

57. R. Meyer, *op. cit.*, p. 75.

번째 단계보다 더 발전된 하나님과 할례에 대한 이해를 반영한다고 제안했다. 그러나 그는 이 진술을 뒷받침할 만한 어떤 설득력 있는 증거를 제시하지 않았다. 이야기의 현재 형태는 우리가 거부한 신화의 재구성된 형태를 첫 번째 단계로 가정할 때에만 그러한 발전을 나타낼 뿐이다.

우리는 동화의 과정을 이해하는 열쇠가 신화와 구약의 증언 사이의 갈등이라는 근본적인 문제를 발견하는 데 있다고 제안한다. 이 사실은 발생했던 투쟁에 대한 이해를 우리에게 제공할 것이다. 중요한 쟁점은 유아 할례 의식의 본질과 기원에 관한 것임이 분명해 보인다. 신화는 시대를 초월한 것은 아닐지라도 적어도 이스라엘의 구원사(*Heilsgeschichte*) 밖에 있었던 사건에서 의식의 기원을 이끌어 냈다. 이 의식의 기원은 이스라엘 종교에서도 매우 중요했지만, 문제는 과거로부터 물려받은 이 의식을 어떻게 야웨의 언약과 연관시킬 것인가 하는 점이었다. 출애굽기 4장에서 시도된 해결책은 히브리 전통이 어떻게 발전했는지를 밝히는 데 큰 가치가 있다. 그것은 우리 서구 정신의 역사적 감각에는 분명히 낯설지만 우리 연구의 중심인 전통을 다루는 방법을 나타낸다. 이 신화는 의심할 여지없이 사람들의 민속 전통에 내재되어 있었다. 그들은 할례 의식과 그에 대한 신화적인 설명을 이

어받았다. 그러나 그 신화를 파괴하거나 다른 설명으로 대체하는 대신, 신화를 유지하면서 이스라엘의 구원사에 자리잡게 했다. 그 신화가 모세의 생애 가운데 일어난 사건으로 '역사화'된 것은 모세가 광야 시대의 지배적인 인물이었기 때문에 이상한 일이 아니다. 신화를 무용담(saga)으로 변형시킴으로써 세상의 실재에 대한 그러한 측면의 기본적인 이해가 바뀌게 됐다. 출애굽기 4장의 무용담은 할례처럼 이스라엘에게 중요한 의식이 이스라엘 역사에서 하나님의 행위에 뿌리를 두고 있음을 증거한다.

이것은 동화의 두 번째 주요 표지로 이어진다. 비록 그 신의 악마적 본성은 그대로 유지됐지만 이는 야웨의 활동에 포함됐다. 야웨는 자신의 힘과 무관한 세력을 인정하기보다는 자신이 악마적 특성을 취했다.[58] 그 결과 확실히 긴장이 조성됐다. 그러나 이는 야웨와 신화 속의 적대자 사이의 긴장이 나오는 창세기 3장과는 다소 다르다. 출애굽기 4장에서 야웨에게 전적으로 할당된 부분 내에는 내부적인 마찰이 없지만, 오히려 그것이 놓여진 주요 히브리 전통과는 마찰이 있다.

출애굽기 4장에서의 신화 사용은 앞서 논의했던 창세기 구절들과 다른 기능을 한다. 출애굽기 4장에는 계산된 긴장

---

58. Volz, *Das Dämonische in Jahwe* (Tübingen, 1924), p. 31.

을 일으키는 신화풍(mythical flavour)을 유지하려는 노력이 전혀 없다. 신화는 외래의 출처로부터 이스라엘로 유입되어 전통에 스며들었다. 그것은 세계 현실에 대해 인식된 일부 측면에 대한 설명을 제공했다. 우리는 창세기 18:1 이하와 28:10-22, 사사기 11:34 이하에서도 비슷한 상황을 발견할 수 있다. 신성한 장소 주변에서 기원한 고대 신화가 이스라엘의 전통으로 역사화됐다. 출애굽기 4장의 느린 동화 과정은 신화를 무용담으로 바꾸는 것으로 시작됐다. 그러나 탈신화화는 언약의 하나님에게 마귀적 특성을 부여함으로써 생기는 마찰을 제거할 만큼 충분히 진행되지는 않았다.

E. 이사야 11:6-9[59]

6 늑대가 새끼 양과 함께 살고 표범이 새끼 염소와 함께 지

---

59. 사 11:6-9에 대한 본문 비평: 6절, '우메리'(וּמְרִיא)는 '임레우'(יִמְרְאוּ)로 읽는다(Köhler), 참조, LXX; 7절, '티르에나'(תִּרְעֶינָה)는 '테라에나'(תְּתַעֲינָה)로 읽는다(BH, Duhm, Gray, Procksch, Köhler); 8절, Köhler는 악카드어 mūru (loc. cit.)에서 מְאוּרָה를 이끌어내어 맛소라 본문(MT)을 유지하려고 한다. 그러나 악카드어 어근이 mr'이기 때문에 연관성이 의심스럽다(Baumgartner가 구두로 이야기한 적이 있다). 이 어절(= ḥur)의 평행은 오히려 מְעָרַת를 암시한다(BH).

내리라. 송아지가 새끼 사자와 더불어 (살쪄 가고) 어린아이
가 그들을 몰고 다니리라. 7 암소와 곰이 [친구가 되어] 나란
히 풀을 뜯고 그 새끼들이 함께 지내리라. 사자가 소처럼
여물을 먹고 8 젖먹이가 독사 굴 위에서 장난하며 젖 떨어
진 아이가 살무사 굴에 손을 디밀리라. 9 나의 거룩한 산
어디에서도 사람들은 악하게도 패덕하게도 행동하지 않으
리니 바다를 덮는 물처럼 땅이 주님을 앎으로 가득할 것이
기 때문이다. (가톨릭 성경에서 인용)

　　우리가 관심을 가지고 연구할 부분은 6-9절이지만 단락
은 분명히 1-9절로 묶는다. 6-9절은 미래 시대를 위한 새로
운 질서를 수립할 다가오는 통치자와 관련하여 이해해야 한
다. 11:1-5, 9절을 6-8절과 비교해 보면 전자는 이사야서의 특
징적인 신학을 반영하고 있음이 분명하다. '체데크'(צדק), '에
무나'(אמונה), '루아흐'(רוח)와 같은 표지어(indicative words)는 그
의 창조적인 작업을 명확하게 보여준다. 그러나 11:6-8에 들
어오면 또 다른 분위기를 마주하게 된다. 이사야 문체의 모
든 특징적인 표식이 사라진다. 대신 우리는 동물들 사이의
완전한 조화를 통해 묘사된 낙원의 평화(paradisal peace)라는

고대의 전통을 가지고 있다. 특히 그레스만(Gressmann)은[60] 호세아 2:18[2:20 LXX] 및 에스겔 34:25 이하의 관련 구절과 함께 이 구절의 신화적 배경을 설득력 있게 보여주었다. 신화에서 낙원의 평화에 대한 많은 평행구를 찾기 위해 종교사에서 많은 노력이 필요하지는 않았다.[61] 이러한 평화에 대한 그리스 전통은 베르길리우스(Vergil)의 4번째 목가시(Fourth Eclogue)에 나오는 고전적인 표현을 통해 확인할 수 있다.

> 젖이 가득한 염소들이 스스로 집으로 돌아오고,
> 더 이상 소가 사자를 두려워하지 않는구나. …
> 뱀과 독이 있는 약초가 사라지리라.

마찬가지로 인도 신화에는 두려움 없는 평화와 풍요의 황금기가 묘사되어 있다.[62] 제2이사야와 가장 가까운 평행구는 초기 메소포타미아 신화에 나오는 딜문(Dilmun)의 자연의 낙원(paradisal nature)에 대한 신화적 묘사에서 나타난다.

---

60. Gressmann, *Ursprung der israelitisch-jüdischen Eschatologie* (1905), pp. 193ff.; *Der Messias* (1929), pp. 151ff.

61. *ERE*, II, p. 680ff.; *RGG*, IV, pp. 947f.

62. *Rāmāyana* IV. 43 및 *Mahābhārata* VI. 7.

사자가 죽이지 않고,

늑대가 어린양을 잡아채지 않으며,

알려지지 않은 것은 아이를 집어삼키는 **들개**(*wild* dog)로다.
...63

미래에 대한 예언적인 선언에 낙원과 관련한 구원 신화 모티프가 얼마나 자주 나오는지를 기억할 때 이사야가 신화 전통을 사용하는 것은 그다지 이상하게 보이지 않는다. 아모스는 마지막 날들을 파종과 수확이 거의 동시에 일어날 정도로 비옥한 토양을 소유한 것으로 묘사한다(암 9:13 이하). 이사야는 광야가 열매 맺는 밭이 되고 과일나무가 숲을 이룰 만큼 많다고 말한다(32:15). 요엘은 페르시아 신화에 나오는 '꿀과 녹은 버터가 흐르는 강'을 연상시키는 구절에서 '달콤한 포도주가 흘러내리는 산과 젖이 흐르는 언덕'을 묘사한다(욜 3:18[4:18 LXX]). 에스겔이 말한 미래 낙원에 있는 나무는 잎사귀가 떨어지지 않고 매달 새 열매를 맺는 기적의 나무다(겔 47:12). 마지막으로 스가랴서 14장에 나오는 미래의 예루살렘에는 모든 추위와 서리가 사라진 상태로 지속되는 날이 있다.

---

63. *ANET*, p. 38

그러나 제2이사야서의 구절에서 가장 중요한 것은 신화적 소재와 본래 이사야적인 것(the Isaianic) 사이의 긴장이 전혀 없다는 것이다. 6-8절은 가공된 새로운 틀에 저항하는 내부적 삶의 표시가 없음을 보여준다. 신화적 소재는 메시아 시대의 도래와 함께 널리 퍼질 완전한 조화와 평화에 대한 시적 묘사에 불과하다. 동물의 평화는 야웨를 아는 지식이 땅에 충만하다는 표시다(9절). 낙원에 관한 신화적 주제를 사용함에 긴장이 별로 없다는 관찰은 인용된 다른 예언 구절에도 적용된다. 신화적 언어는 다가오는 세계 변화에 대한 다채롭고 감동적인 묘사로 사용된다.

이 신화적 소재의 본질을 분석해 보면 왜 긴장이 없는지 금방 분명해진다. 우리는 신화란 인간이 자신에 대한 세상을 이해하려고 시도한 형태라는 것을 보았다. 이전 본문에서 우리는 실재에 대한 신화적 이해가 성경적 이해와 상반될 때 발생하는 긴장을 지적했다. 지금 제2이사야서에서 그 긴장이 나타나지 않는 것은 6-8절을 실제 신화로 볼 수 없기 때문이다. 우리가 가지고 있는 것은 사실 본래의 배경을 신화 속에 두고 있는 공상적인 묘사일 뿐이다. 현재 상태의 자료는 신화 속에서 그 목적을 상실하고 새로운 역할을 맡았다. 한때는 현실에 대한 신화적 이해와 밀접하게 연관되어 있었지만,

지금은 이 신화적 연관성을 잃음으로써 감각을 초월하는 세
상에 대한 공상적인 묘사가 됐다.

　이러한 역할의 변화는 신화 내에서 여전히 원래 기능을
유지하는 유사한 자료를 지적함으로써 가장 잘 설명될 수 있
다. 라스 샴라(Ras Shamra) 텍스트의 '바알-아나트 신화'(Baal
and Anat Cycle)에는 다산의 신 바알의 죽음과 소생에 대한 친
숙한 신화적 모티프가 등장한다. 바알이 지하세계로 가서 모
트에게 죽임을 당하자 땅은 슬퍼한다. 바알이 되살아나자 땅
은 낙원의 풍요로움으로 응답한다. "하늘[들]은 기름을 비처
럼 내리고, 골짜기[들]은 꿀을 품고 흐른다."[64] '라스 샴라'의
구절은 계절의 변동에 따른 땅의 비옥함을 설명하고 유지하
려는 신화적 시도에서 비롯된다. 그것은 현실에 대한 신화적
이해와 관련이 있다. 구약의 많은 구절들과 신화적 풍요에
대한 묘사 사이의 유사점이 분명하지만, 구약에서는 바알이
죽고 부활한다는 신화와의 연관성이 상실됐다. 그러므로 그
단편들은 더 이상 자체로서 현실에 대한 신화적 이해를 담고
있지 않다.

---

64. A III 6f.; Gordon, *Ugaritic Handbook*, 49, III, p. 138; Gordon,
　　Ugaritic Literature, p. 46.

한편, 수메르의 딜문(Dilmun) 신화는[65] 신화 속의 낙원 모티프의 본래 기능을 잘 보여준다. 이 신화를 둘러싼 모호함에도 불구하고[66] 우리의 주제에 영향을 미치는 특정 관찰이 이루어질 수 있다. 신화의 목적은 대지의 여신 닌후르상(Ninhursaga)과 생명을 주는 물인 엔키(Enki) 사이의 이상한 끌림과 적대에 관한 것이다. 이 신화는 엔키의 변덕스러운 성격에서 기인하는, 자연의 많은 이질적인 현상들 사이의 인과관계를 확립하려고 시도한다. 신화는 세계 질서에 대한 설명을 제공하지만, 그것은 세계가 구조를 형성하기 전의 세계를 배경으로 한다. 딜문은 현존하는 질서를 부정적인 용어로 묘사한 땅이다.

> 딜문에서는 까마귀가 울지 않고 …,
>
> 사자가 죽이지 않으며 …,
>
> 머리 아픈 사람이
>
> "나는 머리가 아프다"라고 말하지 않는구나 ….

---

65. *ANET*, pp. 38ff.

66. 필자는 특별히 T. Jacobsen, *The Intellectual Adventure of Ancient Man* (1946), pp. 157ff.의 해석에 감사드린다.

이 신화에서 낙원 모티프는 신들의 투쟁을 통해 현재의 세계 질서가 형성되는 배경으로서의 역할을 한다.

이제 낙원 모티프에 대한 성경의 사용법으로 돌아가 보자. 우리는 낙원 모티프의 예언적 사용에 마찰이 없는 이유는 본질적으로 신화적인 성격을 상실했기 때문이라고 주장해 왔다. 탈신화화된 형태에서는 본래의 기능이 제거됐지만 인간의 경험으로 알 수 없는 미지의 세계에 대한 조형적이고 생생한 묘사는 남아 있었다. 예언자들은 탈신화화된 그 형태에서 종말론적 희망을 입힐 수 있는 유용한 자료를 찾았다. 제2이사야서에서는 이러한 신화적 단편들의 사용법이 명백해진다. 예언자는 하나님의 영이 머물고 있는 통치자인 왕의 출현으로 인해 도래할 새로운 시대에 대해 말하고 있다. 그는 공정한 판단을 내리고 이 땅에 공평과 정의를 세울 것이다. 다음에 이사야는 다가올 세상의 완전하고 급진적인 변화를 보다 감동적인 방식으로 묘사하기 위해 신화의 영역으로 들어간다. 그는 낙원 신화의 탈신화화된 단편에서 자신의 목적에 훌륭하게 부합하는 매체를 발견했다. 인간의 경험을 초월하는 새로운 시대의 질적 차이는 낙원에 대한 신화적 묘사로 표현됐다. 이 단편들은 새로운 현실을 묘사하는 예언자의 목적에 완전히 부합했기 때문에 마찰이 일어나지 않았다. 예언자에게 있어서 그 말들은 하나님이 역사 속에서 형성했던 새로운 실재에 대한 본질을 이스라엘에게 전달하는 데 편리하고 적절한 상징이 됐다.

F. 이사야 14:12-21

12 어찌하다 하늘에서 떨어졌느냐? 빛나는 별(הֵילֵל, Helel), 여명의 아들인 네가! 민족들을 쳐부수던 네가 땅으로 내동댕이쳐지다니. 13 너는 네 마음속으로 생각했었지. '나는 하늘로 오르리라. 하나님의 별들 위로 나의 왕좌를 세우고 북녘 끝 신들의 모임이 있는 산 위에 좌정하리라. 14 나는 구름 꼭대기로 올라가서 지극히 높으신 분과 같아져야지.' 15 그런데 너는 저승(שְׁאוֹל, Sheol)으로, 구렁의 맨 밑바닥으로 떨어졌구나. 16 너를 보는 자마다 너를 자세히 들여다보고 눈여겨 살펴보면서 말하리라. "이자는 세상을 뒤흔들고 나라들을 떨게 하던 자가 아닌가? 17 땅을 사막처럼 만들고 성읍들을 파괴하며 포로들을 고향으로 보내 주지 않던 자가 아닌가?" 18 모든 민족의 임금들은 저마다 제 능묘 속에 영광스럽게 누워 있지만 19 너는 사람들이 꺼리는 유산아

처럼 무덤도 없이 내던져져, 구렁의 돌바닥으로 내려가는 살해된 자들, 칼에 찔려 죽은 자들로 옷처럼 뒤덮이고 발에 짓밟히는 송장처럼 됐구나. 20 너는 네 나라를 멸망시키고 네 백성을 죽였으니 그들과 함께 묻히지 못하리라. 이 악독한 종자는 영원히 그 이름이 불리지 않으리라. 21 너희는 그의 아들들을 그 조상들의 죄악 때문에 학살할 준비를 하여라. 그들이 일어나 땅을 차지하고 세상을 성읍들로 채워서는 안 된다.[67] (가톨릭 성경에서 인용)

이 단락은 장송곡을 모방하여 바빌로니아 왕의 몰락에 대해 조롱한 노래다. 헤르더(Herder)와 같은 초기 주석가들은

---

67. 사 14:12-21의 본문 비평: 12절의 היליל은 칠십인역, 불가타, Duhm, Jahnow 등이 '헬랄'로 수정해서 읽는 반면, P. Grelot, *VT*, 6 (1956), pp. 303f.는 맛소라 본문의 '헬렐'이라는 읽기를 유지한다; 12b절에서는 운율 때문에 נגדעת 앞에 איך를 삽입한 것으로 읽는다(Duhm, Marti, Gunkel, *BH*); 17절에서는 ועריו을 ועריה로 읽는다. '파타흐'(פתח)는 '피타흐' 또는 '피테아흐'로 읽는다; 17b절은 본문과 운율이 모두 불확실하다. 칠십인역은 ביתה를 생략했다. 그러나 Budde, Marti, Jahnow, Procksch가 도치법(hysteron proteron)을 수정하기 위해 채택한 주요 개정은 정당하지 않은 것 같다; 19절의 כנצר는 כנשר로 읽는다(Köhler); יורדי אל-אבני-בור를 20절의 시작 부분으로 이동한다(*BH*). Jahnow는 그것을 난외주로 간주한다. 운율의 변화는 개연성 있는 변질(corruption)을 보여준다; 21절의 ערים을 운율 때문에 난외주로 여기고 생략한다(Duhm, Gunkel 등).

이 노래를 신화로 인식했다. 해석의 열쇠는 '헬렐 벤-사하
르'(הילל בן-שחר)라는 이름에서 찾을 수 있다.[68] 초기 주석가
들은 이 단어를 '새 달'을 의미하는 아랍어 '힐랄'(hilāl)과 연
결하려고 했지만, '헬렐'(הילל)을 계명성("샛별")으로 인식한
것은 궁켈이었다.[69] 그러나 그 해석은 실제로 이미 고대 역본
들에서 발견된다(칠십인역, ἑωσφόρος; 불가타, Lucifer).

13절은 '헬렐'이 하늘로 올라가서 "북녘 끝에 있는 집회
의 산"(בהר-מועד בירכתי צפון, '베하르-모에드 베야르케테 차폰')에
앉아 지극히 높으신 분처럼(לעליון, '레엘욘') 되려고 시도했다
고 알려준다. '바알 차폰'(Baal Zaphon)이라는 이름은 우리가
가나안 신화의 영역에 있다는 것을 곧바로 알려준다. 아이스
펠트(Eissfeldt)는[70] '베야르케테 차폰'(בירכתי צפון)이 "차폰의
꼭대기 위에"로 번역되어야 하는 타당한 이유를 제시했다.
특히 평행 구조에 비추어 볼 때 15절의 '야르케테 보르'(בור-
ירכתי, "깊음의 구덩이")는 지명일 가능성이 매우 높다. 신들을

---

68. Köhler, *ZAW*, 44 (1926), pp. 56ff.에서는 '사하르'(שחר)가 동이 트기
    전의 짧은 순간을 의미하며, 독일어 *Morgenröte*("아침놀", "서광")로
    최대한 가깝게 번역된다는 것을 보여주고 있다.

69. Gunkel, *Schöpfung und Chaos*, pp. 132ff.

70. Eissfeldt, *Baal Zaphon, Zeus Kasios, und der Durchzug der Israeliten
    durchs Meer* (1932), pp. 14f.

위한 자리인 차폰 산은 신들 사이의 회의가 열리는 장소다. 여기에서 가장 높은 신의 이름은 '엘욘'(עליון)이다. 고고학적 증거에 근거해 볼 때, 이곳에 만신전(萬神殿)의 주신인 가나안의 신이 있다는 것은 더 이상 의심의 여지가 없다.[71]

이 증거를 가지고 우리는 신화를 재구성하려고 노력할 것이다. 궁켈이 올바르게 보았듯이 여기서는 자연 신화를 다루고 있다. 새벽에 태양 빛이 강해지기 전에 갑자기 어두워지면서 하늘의 계명성이 눈부시게 떠오를 때 '헬렐'과 '엘욘' 사이에 발생했던 우주적 전투가 바로 신화적인 사고방식이다.

이 신화는 만신전의 지배자에 대한 젊은 신의 반란이라는 친숙한 틀 안에 놓여 있었다. 오만한 헬렐은 엘욘의 힘에 도전하기를 원했다.[72] 그의 시작은 성공적이었으나 이내 좌절

---

71. Hempel은 1930년 알렙포(Aleppo) 남동쪽의 세피레(Sefire)에서 발견된 비석을 토대로 다음과 같이 결론짓는다(*ZAW*, 50 [1932], p. 182): "… '엘욘'은 마침내 독립적인 고대 시리아의 신으로 입증됐다." 특히 라스 샴라(Ras Shamra) 텍스트는 이 신의 본질에 대한 진정한 통찰력을 제공한다. 참조, Bauer, *ZAW*, 51 (1933), pp. 96f. Dussaud, *Les Religions des Hittites et des Hourrites, des Phéniciens et des Syriens* (Paris, 1945), pp. 359ff.의 논의도 비교하라.

72. 참조, Morgenstern, *HUCA*, 14 (1939), pp. 109ff.; M. Pope, *El in the Ugaritic Texts* (Leiden, 1955), pp. 27ff.

하게 됐고 '쉐올'("저승": 개역개정에서 '스올'—옮긴이)의 구덩이에 던져졌다. 예언자 저자는 이 오래된 신화를 받아들여 조롱하는 노래로 다시 만들었다. 그는 바빌론의 강력한 왕을 신출내기 헬렐(Helel)에 비유했다. 그 역시 화려한 출발을 보였으나, 그 후 야웨는 그를 내던져 만국의 웃음거리가 되게 했다.

위의 언어적 증거에 비추어 볼 때 이 신화가 가나안에서 기원했다는 데에는 의심의 여지가 없다. 예컨대, 에타나 (Etana) 신화와[73] 같은 바빌로니아 문헌에서 제안된 유사점은 모호한 연관성만을 가지고 있을 뿐이다. 그러나 가나안 문헌에서 정확한 평행구는 아직 발견되지 않았다.[74] 샤하르(Shahar)의 모습은 우가리트 문헌에서 엘(El)의 아들이자 샬렘(Shalem)의 쌍둥이 형제로 나오지만 다른 맥락에서 등장한다.[75] 올브라이트는 이사야 14:13이 가나안 서사시 '전능하신 바알과 모트'(Aliyan Baal and Mot)와의 문체의 유사성을 고려할 때, 페니키아(가나안) 서사시의 실제 인용일 수 있다고 제안한다.[76]

---

73. *ANET*, p. 114; *AOT*, pp. 235ff.

74. P. Grelot, *RHR*, 149 (1956), pp. 18-48이 제공한 풍부한 비교 자료를 참조하라.

75. Gordon, *Ugaritic Literature*, pp. 60f. 참조, Gaster, 'A Canaanite Ritual Drama', *JAOS*, 66 (1946), pp. 69ff.; G. R. Driver, *Canaanite Myths and Legends* (Edinburgh, 1956), pp. 22f.

76. Albright, 'The North Canaanite Epic of Al`eyan Ba`al and Mot',

우리 연구의 중요한 요소는 그 자료의 매우 신화적인 특성에도 불구하고 현재 놓여진 틀에 의해 철저히 탈신화화되는 효과가 발생했다는 것이다.[77] 헬렐 신화는 단지 바빌로니아 왕의 명성의 영광과 몰락의 수치를 풍자적으로 비꼬는 삽화에 불과하다. 신화는 확장된 비유 화법의 예시적 가치만을 지니고 있기 때문에 신화와 구약의 틀 사이에는 어떠한 긴장도 없다. 기독교 주석가들(테르툴리아누스[Tertullian], 그레고리오 대제[Gregory the Great] 등)이 누가복음 10:18에 비추어 헬렐의 멸망을 사탄의 이전 역사(pre-history)를 가리키는 것으로 해석하고 구약에서 이미 극복된 신화를 부활시킨 것은 이 구절을 심각하게 오해한 것이었다.

이 장의 결과를 요약해 보자. 신화적 소재가 이스라엘의 전통에 들어오는 지점에서 그에 대한 해석은 다양한 정도의 갈등을 보여주었다. 이러한 갈등은 성경에 반대되는 세상 실재에 대한 이해의 침입에 의해 야기됐다. 투쟁의 역사를 재구성함으로써 구약이 신화적 소재를 동화시킨 방식이 여러 사례에서 입증됐다. 이 연구는 또한 동화 과정이 점진적으로

JPOS, XII (1932), p. 192, note 22.

77. 구조의 최근 분석을 위해 G. Quell, 'Jesaja 14,1-23', *Festschrift F. Baumgärtel* (Erlangen, 1959), pp. 131-157을 참조하라.

그리고 다양한 정도로까지 영향을 미쳤음을 보여주었다. 때때로 성경 저자는 자신의 자료를 완전히 통제할 수 있었고, 어떤 때는 신화에 내재된 저항이 새로운 틀에 맞서 계속 투쟁했다. 마지막으로 이 연구는 구약성경이 자신을 증거하는 데 변형된 신화를 사용했음을 보여준다. 그러나 구약에서 변형된 신화의 역할은 일률적이지 않았다. 때로는 계산된 긴장을 획득하기 위해 신화의 흔적을 구절에 남겼다. 그 신화는 하나님의 목적에 대한 적극적인 반대를 설명하는 역할을 했다. 또한 신화는 구약성경의 구원사 내에서 무용담으로서 역사화된 형태로 제공됐다. 마지막으로, 창의적인 언어(imaginative language)가 중요한 역할을 했다. 변형된 신화가 단지 확장된 비유 화법의 역할을 하는 사례가 발견됐다. 그러나 훨씬 더 중요한 것은 종말론적 시대의 실재를 묘사하는 데 있어서 변형된 신화가 수행한 역할이었다.

제4장
구약에서의 실재의 범주

선정된 본문에 대한 우리의 연구는 구약의 실재 개념이 신화와 충돌할 때 발생하는 갈등을 지적했다. 지금까지 우리는 신화에 대한 부정적인 반응의 관점에서 구약의 실재 이해에 접근했다. 이제 우리는 시간과 공간의 범주에 표현된 실재의 개념을 보다 긍정적인 방식으로 분석하고자 한다. 성경적 사고의 독특한 요소는 신화적 사고와 대조해 볼 때 가장 잘 알 수 있다. 신화적 사고라는 용어를 사용함으로써 우리는 개별 신화로부터 일반적으로 신화의 기초가 되는 사고의 패턴으로 관심을 돌릴 것이다.

A. 시간의 개념

1. 신화적 시간의 분석[1]

신화에서 발견되는 시간의 개념에서는 무엇보다도 시간을 절대적인 것으로 이해하는 것이 특징이다. 시간은 궁극적으로 하나의 원시적 힘의 작용에서 비롯된다. 그 전에는 시간이 없었고 그 너머로는 지나갈 수 없었다. 존재 세계와 비존재 세계를 구분하는 이 경계선은 시간의 시작을 표시한다. 신화의 시간에는 과거, 현재, 미래 사이에 실제적인 구분이 없다. 시간의 기원은 과거에 있었던 원시의 행위에 투영되지만, 이는 본질적으로 시간을 초월한 실재에 옷을 입힌 형태일 뿐이다. 시간은 항상 존재하면서도 아직 오지 않았다. 그

1.　다음의 논의가 가장 도움이 됐다: H. Hubert and M. Mauss, *Mélanges d'Histoire des Religions* (Paris, 1909), pp. 189ff.; Ernst Cassirer, *Philosophie der symbolischen Formen*, II (1925), (ET, New Haven, 1955), pp. 104ff.; G. van der Leeuw, *Religion in Essence and Manifestation* (London, 1938), pp. 384ff.; E. Buess, *Die Geschichte des mythischen Erkennens* (München, 1953), pp. 143ff.; C. Tresmontant, *Biblisches Denken und Hellenische Überlieferung* (Düsseldorf, 1956), pp. 25ff.; M. Eliade, *The Myth of the Eternal Return* (ET, New York, 1954); *Patterns in Comparative Religion* (ET, New York, 1958), pp. 388ff.; G. von Rad, *Theologie des Alten Testaments*, II (München, 1960), pp. 112ff.

것은 현대 범주의 경험적 시간을 초월한다. 더욱이 신화적인 시간은 시간적 사물들 사이의 관계를, 예를 들어 '시간의 길이'처럼 공간의 관점에서 측정하는 추상적 개념이 아니다. 오히려 그 내용과 동일한 구체적인 실재로 구현된다. 시간의 성격은 그 내용의 특성에 의해 측정된다. 어떤 의미에서 신화의 시간은 동질적이지 않은데 특정 시간의 특성에 따라 거룩하거나 세속적인 것으로 지정된다. 그것은 시간의 내용이 영고성쇠를 거듭하는 중대한 시기의 리듬에 따라 움직인다. 달력은 이 '시간들'(times, *kairoi*, '카이로이')을 원시의 힘과 가치가 있는 순간으로 표시한다. 그럼에도 불구하고 그 변화의 움직임(oscillation)은 본질적으로 새로운 것을 가져오지는 않는다. 그 실체가 변하지 않기 때문이다. 그 내용은 원시적 행위에서 결정됐다. 신화의 제의적 반복에서 이 행위가 재현된다. 신화적 시간의 내용을 채우는 이 사건의 힘은 제의 축제가 원시의 행위로 전환되면서 현실화된다. 따라서 같은 내용을 공유하고 있는 두 시간은 동일하다.

우리는 신화적 시간에 대한 일반적인 조사에서 구체적인 예시로 전환한다. 원시 시간을 종말론적 시간과 동일하다고 생각하는 것이 신화적 시간의 특징이다(원시[*Urzeit*] = 종말 [*Endzeit*]). 미래를 과거로부터 성장하지만 결코 반복되지 않는 것으로 이해하는 현대 역사적 사고(modern historical thinking)에 반하여, 신화는 미래를 과거로의 회귀로 상상한다. 진정한 시작이나 끝이 없기 때문에 연대기적 시간을 완전히 무시한다. "한때 일어났던 일이 지금 일어나고 있다"(*Jetzt geschieht, was einst geschah*).[2] 게다가, 원시-종말(*Urzeit-Endzeit*) 패턴에서는 본질적으로 새로운 것이 결코 일어날 수 없다. 결정적 행위는 세계의 실재가 구조화되는 원시(*Urzeit*)에 발생한다. 모든 변화는 신화 속으로 흡수되어 시대를 초월한 과거의 일부가 된다. 종말론적 유대교는 미래의 귀환에 대한 기대 때문에 예루살렘에 있는 기존의 성전에 대해 말할 수밖에 없었다(『바룩 2서』 4:2-6). 마지막으로, 이 도식에서는 신화의 시간을 리듬에 따라 움직이고 그 내용과 동일시되는 것으로서 이해한다. 시작과 끝은 힘이 드러나는 두드러진 시간이다. 시간은 이 내용의 척도이므로 동일한 내용으로 돌아가는 것은 시간의 동일성 또한 나타낸다.

2. 성경의 범주

이제 우리는 구약의 시간에 대한 이해를 조사하여 그것

2.　G. van der Leeuw, 'Urzeit und Endzeit', *Eranos Jahrbuch* (1949), p. 31.

이 신화적 사고와 어떤 특징을 공유하는지를 알아보고자 한다. 전체 주제는 우리 연구에서 철저하게 다루기에는 너무 광범위하기 때문에, 우리는 종말의 시간과 동일한 원시의 시간 문제로 우리의 관심을 좁혀서 다룰 것이다.

구약 연구와 관련된 원시-종말의 문제는 원래 빙클러 (Winckler)의 선구자적인 업적을 따랐던 궁켈에[3] 의해 공식화됐다. 이 용어가 보편화될 때까지 그레스만(Gressmann),[4] 디트리히(Dietrich),[5] 슈미트(Schmidt)[6] 등 많은 사람들에 의해 연구가 계속됐다. 그러나 구약이 원시-종말(*Urzeit-Endzeit*)이라는 신화적 패턴을 공유하는지의 문제는 신화의 본질에 대한 부적절한 이해로 인해 처음부터 잘못된 요소가 주입된 것이었다. '범-바빌로니아'(pan-Babylonian) 학파의 빙클러와 예레미아스(Jeremias)는 신화의 본질을 순환적 성격에서 찾아야 한다는 이론을 도입했다. 그들은 주로 바빌로니아 점성술에 근거

---

3. H. Gunkel, *Schöpfung und Chaos in Urzeit und Endzeit* (Göttingen, 1895).

4. H. Gressmann, *Der Ursprung der israelitisch-jüdischen Eschatologie* (Göttingen, 1905), pp. 160ff.

5. E. L. Dietrich, *Suv sevut - Die endzeitliche Wiederhestellung bei den Propheten* (BZAW, 40, 1925), pp. 51ff.

6. H. Schmidt, *Der Mythus vom wiederkehrenden König im Alten Testament* (Berlin, 1925).

하여 이 도식을 신화 전반에 적용하려고 했다. 우리가 앞서 언급한 바와 같이 신화에 리듬이 있다는 것을 의심하지는 않지만, 순환의 관점에서 설명하려고 시도한 것은 특정 문화에 있는 독특한 현실을 나중에 합리화한 것이다. 신화에 대한 현대 연구는 순환 중심 이론을 입증하지는 못했지만 그것은 신화가 취하는 하나의 형태일 뿐이다.[7]

신화에 대한 그러한 정의가 도입된 이후 구약이 원시-종말의 패턴을 포함하고 있는지에 대한 문제는 구약의 도식이 '순환적'인지, 아니면 어떤 의미에서 '직선적'인지에 대한 문제로 논의됐다. 궁켈과 그레스만은 구약에서 순환적 신호를 발견하고 이를 가리켜 '신화적'이라고 불렀다. 이 결론은 동방 신화의 순환 패턴이 히브리 종말론의 직선 개념에 의해 깨지게 된 것을 발견한 바이저(Weiser)와[8] 아이히로트(Eichrodt)에[9] 의해 반박됐다.

위의 논란이 제대로 공식화되지 않았고, 논쟁의 선도 제

---

7. H. Gese, 'Geschichtliches Denken im Alten Orient und im Alten Testament', *ZTK*, 55 (1958), pp. 127ff.의 탁월한 소논문을 참조하라.

8. A. Weiser, *Glaube und Geschichte im Alten Testament* (Stuttgart, 1931), pp. 23ff.

9. W. Eichrodt, *Theologie des Alten Testaments*, I (5th ed., Göttingen, 1957), pp. 325f., 336ff. [ET, Philadelphia and London, 1961, pp. 479f., 494ff.].

대로 그려지지 않았다는 것이 우리의 생각이다. 첫째, 우리가
지적한 바와 같이 신화에 대한 정의가 부적절하다. 둘째, 순
환 신화의 대조로서 자주 사용되는 '직선적 역사'라는 개념
은 그 자체가 성경의 범주가 아니라 다른 종류의 합리화다.
오렐리(Orelli)와[10] 페데르센(Pedersen)에[11] 의해 시작된 연구를
계속하고 있는 로빈슨(Robinson),[12] 미니어(Minear),[13] 마쉬
(Marsh),[14] 보만(Boman),[15] 라쵸브(Ratschow)의[16] 최근 연구에서는
히브리 시간 개념이 시간의 연속성보다는 시간의 특성에 주
로 관심이 있었다는 것을 만장일치로 받아들였다. '에트'(עת,
καιρός[LXX])와 '모에드'(מועד)와 같은 시간에 대한 특정한 단
어는 분명히 이러한 성격을 띠고 있다. 히브리인들의 관심사
는 '적절한 때'를 찾는 것이었다(참조, 학 1:2; 에 1:13). 히브리어

10. C. Orelli, *Die hebräischen Synonyma der Zeit und Ewigkeit* (Leipzig, 1871).
11. J. Pedersen, *Israel*, I-II (London-Copenhagen, 1926), pp. 486ff.
12. H. W. Robinson, *Inspiration and Revelation in the Old Testament* (London, 1946), pp. 106ff.
13. P. Minear, *Eyes of Faith* (Philadelphia, 1946), pp. 97ff.
14. J. Marsh, *The Fulness of Time* (New York-London, 1952), pp. 19ff.
15. T. Boman, *Das hebräische Denken im Vergleich mit dem Griechischen* (2nd ed., Göttingen, 1943), pp. 104ff. [ET, London, 1960, pp. 129ff.].
16. C. H. Ratschow, 'Anmerkungen zur theologischen Auffassung des Zeitproblems', *ZTK*, 51 (1954), pp. 360ff.

동사 체계가 시제보다 행동의 특성을 나타낸다는 사실 자체
가 그런 분석을 뒷받침해준다. 마쉬는[17] 쿨만(Cullmann)의 직
선적 역사를 공간의 관점에서 표현된 시간의 현대적 추상 개
념이라고 올바르게 비판한다. 히브리인들이 과거를 자기보
다 앞선 것(קדם)으로 표현하고 미래를 뒤따르는 것(אחר)으로
표현했다는 잘 알려진 사실은 히브리 사고와 현대 사고의 차
이를 보여준다. 그러나 최근에 아이히로트는[18] 위의 접근법
(마쉬, 보만, 라쵸브)이 성경의 연대기적 시간에 대한 이해를 입
증하지 못하고 있다고 비판했다. 그는 '크로노스'(chronos)가
히브리인(들)의 사고에서 결정적인 역할을 한다는 것을 확실
히 보여주었다. 구약은 일련의 사건들의 진행을 연대기와 계
보에 기록한다. 더욱이 모든 역사가 향하고 있는 미래 사건
에 대한 종말론적 관점은 그 중요성이 경시될 수 없다. 그럼
에도 불구하고 아이히로트는 성경의 이해에서 '크로노스'의
역할을 강조하는 데에만 성공했다. 그는 직선적 시간에 대한
증거를 제시하지 않았다. 이 두 가지를 식별하는 것은 현대
의 범주에서만 가능하다. 구약의 예언자들이 역사의 완성을

---

17. Marsh, *op. cit.*, pp. 174ff.
18. W. Eichrodt, 'Heilserfahrung und Zeitverständnis im Alten Testa-
    ment', *TZ*, 12(1956), pp. 103ff.

위해 미래를 바라봤다는 것을 제시하는 것은 미래와 과거가 동일시됐을 가능성을 증명하는 것이 아니다. 구원사적 접근 방식은 성경적 관점을 신화적 관점과 동일시하는 데 이의를 제기하면서, 성경적 관점을 영성화된 현대 역사 이론으로 대체하려는 강렬한 유혹에 노출되어 있다. 이러한 이유로 우리는 구약이 원시-종말의 신화적 패턴을 공유하는지 여부에 대한 질문이 구약에 순환적 또는 직선적 시간의 외래 범주를 부과하기보다는 위에서 설명한 신화적 시간의 기본 범주와 비교함으로써 결정되어야 한다고 생각한다.

우리의 견해에 따르면 이스라엘 내에서 원시-종말 패턴에 대한 증거는 압도적이다.[19] 혼돈이 다시 찾아올 것이며(렘 4:23), 새 창조(사 65:17), 새 낙원(암 9:13 이하; 사 11:6 이하), 사람과 짐승 사이의 새 평화의 언약(호 2:18[2:20 LXX]; 사 11:6 이하)이 있을 것이다. 더욱이 이스라엘의 모든 구원사는 종말론적 시대에 반복되고 있다. 이집트에서 다시 구원이 있을 것이며, 바다를 지나는 일이 있을 것이다(사 10:26; 슥 10:10-11; 사 43:16f.). 광야의 기적이 재경험되고(미 7:15; 사 43:19), 새 언약이 세워지며(렘 31:31-32), 자신의 나라를 다시 세우는 새 다윗이 나타날 것이다(호 3:5; 렘 30:9; 겔 34:23). 게다가 이 묘사에서 사용된 어

---

19. 특히 Dietrich, *op. cit.*, pp. 38ff.를 참조하라.

휘는 종말론적 사건을 과거와 일치시키는 것이 단지 대조를 이루기 위한 장치 이상의 것을 수반함을 아주 분명히 한다. 그 의도는 분명히 미래를 과거와 유사하게 묘사하려는 데 있었다. 하나님은 이스라엘을 "다시"(עוד) 선택할 것이다(사 14:1; 슥 1:17). 유다는 "처음"(בראשנה)처럼 "다시 세워"(בנה)질 것이고(렘 33:7), 그녀(유다)의 운명은 "한때처럼 되돌려질(שוב)" 것이며(암 9:14 등), 그녀(유다)의 자손들은 "옛날"(קדם)처럼 번성할 것이고(렘 30:20), 그녀(유다)의 성읍들은 "옛날처럼"(עולם כימי) 회복될 것이며(암 9:11), 그녀(유다)의 제물은 "옛날처럼"(כשנים קדמניות, 말 3:4) 받아들여질 것이다.

구약성경의 원시-종말 패턴에 대한 이러한 증거에도 불구하고, 고려해야 할 가장 중요한 몇 가지 변화 사항들이 있다.

i. 먼저, 구약의 패턴은 종말의 때에 회귀되는 원시의 시간을 엄격하게 생각하고 있지 않다. 우리는 이스라엘의 모든 구원사적 회귀가 종말론적 소망이 됐다고 지적했다. 원시 행위는 이스라엘 역사의 일부를 구성하기 때문에 중요하게 여겨진다. 전형적인 신화 패턴으로부터의 이러한 변화는 구약의 저자들이 근본적으로 변화된 실재 개념을 갖게 됐음을 의미한다. 곧, 그들의 증언은 실재의 구조가 일련의 원시 행위

로 결정되는 것이 아니라 오히려 이스라엘의 역사 안에서 일
하는 하나님의 구원 활동을 통해 새로운 실재가 생겨났다는
것을 알려준다. 연대기적 시간으로 표시된 사건의 전달은 신
학적으로 실재의 내용을 형성하는 데 중요하다. 이러한 이해
의 변화는 히브리 제의(Hebrew cult)에도 반영되어 있다. 그 제
의는 원시 행위를 재현하는 것이 아니라 연대기적으로 일어
나는 구원 행위를 활성화시키는 것이었다(신 26:5 이하).

 ii. 둘째로, 원시와 종말의 관계는 단순히 동일시되는 관
계가 아니다. 구약에 따르면, 종말의 행위가 본질적으로 원시
행위와 비교해 새롭지 않다고 말할 수 없다. 이와 관련하여
"새로운"(חדשׁ)이라는 개념에 대한 연구가 가장 두드러진다.
어근 חדשׁ는 "다시 시작하다" 또는 "되돌아가게 하다"의 의
미를 지닌 일반적인 셈어 어근이다. 악카드어 동사 edēšu는
일반적으로 폐허가 된 사원, 도시 또는 사물을 이전 상태로
되돌리는 것과 관련하여 사용된다.[20] 우가리트어 ḥdṯ는 "새로
운 달"이라는 특유의 의미를 지닌 명사로, "달을 새로 시작하
다"라는 동사로 나온다.[21] 히브리어 동사 חדשׁ는 악카드어와

---

20. *The Assyrian Dictionary*, vol. 4, ed. A. Leo Oppenheim (Chicago, 1958), pp. 30-33.

21. C. H. Gordon, *Ugaritic Handbook* (Rome, 1947), p. 228, No. 656.

비슷한 용법을 가지고 있는데, 즉 제단을 보수하고(대하 15:8), 성전을 수리하며(대하 24:4), 폐허가 된 도시를 새로 세우고(사 61:4), 또한 지면이 새롭게 되고(시 104:30), 구원의 기쁨이 회복되며(시 51:12 LXX), 왕국이 새로워지는 것(삼상 11:14)을 묘사하는 데 사용된다. 예레미야애가 5:21에서는 그 단어로 "이전으로의" 회복에 대한 소망을 구체적으로 표현한다. 시편 103:5, "독수리처럼 새로워지는 젊음"이란 표현에서 사용된 용법은 흥미롭다. 이는 독수리의 주기적인 되젊어짐에 관한 우화의 언급일 가능성이 높기 때문이다. 마지막으로 집회서 43:8은 우가리트어 용법을 연상시킨다: "달은 달마다 스스로를 새롭게 한다."

특히 이 마지막의 의미에서 명사 '호데쉬'(חרשׁ, "신월"[新月], "초승달")로 이어지는 가교는 쉽게 이해할 수 있다. 그것은 초승달이 나타나는 첫날, 축제의 날, 재생의 날이다. 이 마지막의 용법은 '새로움'의 개념이 생겨났을 가능성이 가장 큰 삶의 자리(Sitz-im-Leben)를 제공한다. 원래 상태의 새로움을 회복하는 것으로서 달이 차고 이지러지는 것을 묘사하는 신화적인 표현이 있다. 그 의미가 넓어져서 다른 대상에도 적용됐지만, '원래 상태로 되돌린다'는 것이 기본 의미다. 이러한 '새로운'(new)의 용례에서는 본질적으로 다른 특성이 암시되지 않는다.

그러나 시간에 대한 신화적 이해의 기초 위에 놓여 있는 이러한 용법과는 대조적으로, 구약은 의미가 근본적으로 다른 새로움에 대한 이해를 가지고 있다. 이는 거의 이전의 용법에 대항하기 위한 의식적인 시도처럼 보인다. 먼저, 주로 제2이사야서에서 발견되는 이 의미는 '새로움'이란 이전의 사건과는 완전히 다른 시간에 나타나는 새로운 것을 표현한다. 이사야 48:6은 이전에 알려지지 않은, '지난 날이 아니라 이제 막 창조된' 것인 "새로운 일들"(חדשות)에 대해 말한다. 이사야 42:9과 43:18은 새로운 일(들)과 이전 일(ראשון)을 대조한다. 이때 "옛날의 일"(43:18)과 평행되고 "앞으로 올 일"(41:22)과 대조되는 이전 일이란 과거에 있었던 일시적 사건이다. 미래는 역사에 등장한 적 없는 새로운 것을 가져온다. 새로운 것이란 단순한 갱신이 아니라 예상치 못한 것의 출현이다.

둘째로, 구약에서 새로움은 시간적 용어로만 표현되는 것이 아니다. 예언자들의 종말론적 소망은 옛것과는 질적으로 다른 새로움의 도래를 가리킨다. 이러한 새로움에 대한 본질적인 특성은 예레미야 31:31 이하에서 분명하게 드러난다. 새 언약은 "내가 그들의 조상들과 맺은 언약"과 같지 않을 것이다. 그것은 단순히 매년 열리는 축제에서 시내산 언약을 갱신하는 것이 아니다. 디트리히가 이 차이점을 중요한 것으로 인정하지 않은 것은[22] 이스라엘의 패턴이 모든 면에서 신화와 일치하기를 바라는 욕구에 따른 것이 분명하다. 예레미야 31:32-34은 어떤 의미에서 새 언약이 옛 언약에 비해 질적 차이를 제공하는지를 알려 준다. 새 언약은 조상들이 깨뜨린 옛 언약과 달리, 침범할 수 없을 것이다. 하나님은 새 언약뿐만 아니라 옛 언약의 창시자이기도 하다. 하나님의 입장에서는 옛 언약이 원래 그대로 남아 있었기 때문에 그 내용에는 연속성이 존재한다. 새로움은 하나님의 원래 계획의 완전한 실현으로 나타난다. 율법은 백성의 죄 많은 상태를 그 상태 그대로 허용했다. 이 지점에서 질적으로 새로운 것이 완성된다. 영적인 동기(motivation)가 외적인 것을 대체하게 된 것이다. 백성의 죄는 제거되고 하나님에 대한 올바른 지식이 들어오게 된다.

질적으로 새로운 것을 말하는 유사한 예가 이사야 65:17 이하에 나와 있다. 새 하늘과 새 땅은 더 이상 기억될 수 없는 이전 것(ראשנות)과 대조된다. 세상도 새 이스라엘과 조화를 이루기 위해서 새로워져야 한다. 새 하늘과 새 땅에 대한 묘

---

22. Dietrich, *op. cit.*, pp. 41f.

사(사 65:17 이하)는 모든 면에서 옛것을 능가하는 새로운 현실
의 시작을 묘사하려는 저자의 의도를 보여준다. 그럼에도 불
구하고 새로운 것은 옛것의 형태를 유지한다. 그 새로운 세
상의 중심은 새 예루살렘이다. 백성과 함께하는 하나님의 본
래 목적이 성취된다. 죄의 제거는 인간 수명의 놀라운 연장
에 영향을 미친다. 불순종으로 인한 이전의 저주는 백성이
땅에서 안전하게 보호받으며 살게 되면서 역전된다. 마찬가
지로 새 마음(겔 18:31), 새 노래(사 42:10), 새 이름(사 62:2)은 근
본적으로 새로워진 것의 징표다.

구약의 새로운 것에 대한 이러한 이해는 신화적 패턴을
크게 변화시켰다. 종말은 원시로의 회귀이지만, 이 두 시간
개념은 단순히 동일시될 수 없다. 성경의 도식에 따르면 새
로운 것은 옛것의 회귀 및 지속이자 동시에 완전히 다른 존
재의 요소를 가져오는 것으로 묘사될 수 있다.

iii. 마지막으로, 성경의 패턴에서 '크로노스'의 흐름은 의
미가 있다. 원시-종말이라는 신화적 패턴에서는 원시로의 회
귀가 새로운 내용을 가져오는 것이 아니기 때문에 연대기적
시간이 무시될 수 있다. 내용의 동일시는 시간의 동일시이기
도 하다. 그러나 구약에 따르면 다양한 '카이로이'(καιροί)는
연대기적 시간 안에서 일어나서 원시 시대에 알려지지 않은

내용으로 종말론적 시간을 채운다. 사건의 반복을 상상할 수 없는 현대의 시간 개념과 이것을 혼동해서는 안 된다. 다른 내용을 가진 두 개의 시간은 동일하지는 않지만 내용이 너무 유사해서 서로 영향을 받는다.

성경이 신화적 도식을 사용함에 있어 발생한 그런 폭넓은 변화에 비추어 우리는 원시-종말 도식이 본질적으로 구약의 사상과 이질적인지를 판단해야 한다. 구약성경은 물려받은 이 도식을 버리려고 했는가? 이 이론에 반대하는 두 가지 이유가 있다. 우선, 신화적 틀과 성경 내용 사이에 내부적인 마찰의 흔적이 없다. 구약의 패턴은 우리가 히브리 신앙의 토착적인 것으로 알고 있는 소재와 매끄럽게 조화를 이룬다. 마찰은 오직 직선적 시간 이론을 미리 가지고 있을 때만 발생한다. 둘째로, 우리는 구약의 저자들이 자료를 의도적으로 그런 패턴으로 구성했다는 것을 보았다. 그들은 신화적 패턴을 확실히 바꾸어 놓았고, 그럼으로써 그들이 신화적 패턴에 대해 느끼는 자유를 보여주었다. 최종 산물은 신화적인 것뿐 아니라 과학적인 것과도 다른, 새로 만들어진 성경적 범주의 모든 흔적을 가지고 있다. 이제 우리는 그것을 이해하려고 시도해야 한다.

우리는 이제 구약이 왜 원시-종말이라는 신화적 패턴의

변형된 형태를 사용했는지 확인해야 하는 문제에 직면해 있다. 그 형식이 성경과 양립할 수 있다는 사실을 발견하고 그것을 변형하여 독특한 성경 범주를 형성하게끔 했던 현실이 있었는가? 첫째로, 종말론적 시간이 과거의 사건들로 되돌아간다는 것은 본질적으로 처음과 마지막이 하나의 사건을 형성한다는 것을 가리킨다. 원시와 종말은 신화에서처럼 단순히 동일시될 수는 없지만, 하나의 총체를 형성한다. 그것들은 한 사건의 처음과 끝, 시작과 성취로서 서로 관련이 있다. 이 패턴은 예언자들의 마음속에서 이 두 시간이 동일한 '카이로스'(καιρός)에 속해 있음을 나타낸다. 이들은 동일한 내용을 공유한다. 예언자적 역사관은 의심할 여지없이 목적론적이며 끝을 향해 나아가고 있다. 그럼에도 불구하고 그 종말은 과거로의 회귀로 여겨진다. 종말론적 시간에 비추어 볼 때 연대기적 시간은 초월된다. 이는 초시간적인(timeless) 추상 개념이 아닌, 그 내용에 따라 시간의 종류를 판단하는 히브리인의 사고방식에 따른 것이다.

둘째로, 신화적 패턴의 변형된 형태는, 처음에는 베일에 가려져 있었지만 마지막에는 강렬한 모습으로 나타나서 현실을 증언한다. 이스라엘 역사에서 신적인 구원 사건들은 그들이 들어간 세계에 알맞은 형태로 수용됐다. 그것들은 새로

운 실재에 대한 표시이기는 했지만 왜곡 가능성을 내포한 경
험적 세계에 속해 있었다. 이집트 탈출은 교만함의 계기가
됐고 시내산 언약은 율법주의의 계기가 됐으며 왕국은 권력
정치를 위한 계기가 됐다. 새 시대의 예언적 소망은 하나님
이 이전에 행했던 구원 행위의 관점에서 묘사됐다. 하지만
마지막 사건들은 이제 이전 사건들의 원래 목적을 달성하기
위한 것이었다. 과거로의 회귀는 하나님의 한 뜻의 연속성을
나타내며, 마지막의 새로움은 처음에 희미하게 반사되어 비
추던 빛의 완전한 뚜렷함을 나타낸다. 종말의 새로움은 원시
의 상태에서 질적으로 새로운 것을 확인하는 기준이 됐다.

셋째로, 원시-종말의 범주는 과거에 이미 나타났지만 여
전히 미래에 도래할 현실을 적절하게 표현하기 위해 고안됐
다. 그 패턴은 현재의 현실과 미래의 희망 사이의 긴장, 특히
예언자들에게서 분명하게 나타나는 긴장을 반영한다. 이사
야는 부름을 받았을 때(6장) 현재의 하나님의 왕권을 미래의
소망으로서 경험했다. 이 패턴은 구약의 건전한 유형론적
(typological) 해석을 위한 주석적 기초를 마련해 준다. 동일한
신적인 실재가 과거, 현재, 미래에 나타난다. 구약은 연대기
적으로 이러한 구분을 진지하게 다루고 있지만, 과거로의 회
귀라는 미래의 목표는 연대기적으로 분리되어 있음에도 불

구하고 사건의 통일성을 보여준다.

이 범주에서 수행된, 이스라엘 내부에서의 독특한 기능에 대한 논의에 비추어, 우리는 마지막으로 그것이 신화적인 것으로 분류될 수 있는지에 대한 질문을 제기하고자 한다. 사실, 명명하는 방식은 부차적인 문제다. 우리는 주로, 신화에서 표현된 실재 이해와 그와 유사한 패턴이 등장하는 히브리적 용례를 대조하는 데 관심이 있다.

앞서서 우리는 신화적 사고가 세계 실재의 형성에 대한 '두 단계' 이해에서 비롯됐다는 점을 강조했다. 처음에는 존재하지 않는(비존재의) 기간이 있었다. 이것은, 당시에 힘으로 세계 구조를 유지하고 있었던 원시 시대의 결정적인 행위로 대체됐다. 신화의 목적은 비존재(non-being)의 상태로 돌아가려는 모든 시도에 맞서 세계 존재의 연속성을 보장하는 데 있었다.

신화와 대조적으로 성경의 실재 이해는 '세 단계'로 설명될 수 있다. 구약에는 혼돈으로 묘사된 비존재의 상태가 있다. 이것은 하나님의 은혜로운 창조 행위로 극복되어 세계의 실재가 존재하게 됐다. 세 번째 요인은 사람의 불순종으로 인해 도입됐다. 하나님의 창조의 연속이 아닌, 실재를 왜곡시키는 죄의 역사가 시작됐다. 구약은 현실과 현실의 왜곡 사이의 투쟁을 자세히 이야기하고 있다. '새 시대'와 '옛 시대'라는 용어는 구약 이후의 저술과 신약성경의 용어이지만 근본적인 차이는 이미 구약 안에 존재한다. 현실은 이스라엘의 순종 안에서 왜곡된 현실의 옛 시대를 변화시키는 형태를 취한다.

신화는 원시의 실재를 유지하는 기능을 한다. 그러나 구약에서 신화적인 것으로 분류되는 것은 새로운 기능을 갖게 됐다. 그것은 원시 시대에 존재하지만 그 성격상 종말론적 성격을 지닌 새로운 실재를 증언한다. 신화는 과거를, 구약은 미래를 바라본다. 신화가 유지하고자 하는 실재는 구약에 의해 '옛 시대'의 일부로 이해되고 따라서 일시적이다. 이러한 실재에 대한 태도의 차이는 각 제의에도 반영되어 있다. 민족의 제의(ethnic cult)는 원시 행위의 활성화를 주제로 삼는다. 구약의 제의는 과거에 뿌리를 두고 있지만 미래에 이루어질 성취를 위해 분투하는 하나님의 신성한 구원 역사 행위에 참여하는 것이다. 우리는 이스라엘에서 원시-종말의 신화적 패턴이 어느 정도 공유되고 있지만 히브리 신앙에 있어서의 그 기능은 완전히 바뀌었다고 결론 내린다.

B. 공간의 개념

1. 신화적 공간의 분석[23]

유클리드 기하학(Euclidean geometry)에서와 같은 공간의 균일성에 대한 이해와는 달리, 신화적 공간은 비균일적인 성격을 가지고 있다. 전자는 공간 내의 위치를 순전히 서로에 대한 중립적인 관계에 의해 결정되는 것으로 다루는 반면, 신화적 공간은 각각의 위치에 특정한 내용을 허용하여 그것이 어떤 종류의 공간인지를 구분한다. 신화 속 시간 이해와 마찬가지로 공간도 그 내용에 있어서 추상화될 수 없다. 개인이 공간적 실재와 직접 접촉할 때 그 내용이 신화적 공간에 부여된다. 그의 감각적인 경험으로 인해 그 특별한 공간은 독특한 성격으로 채워진다. 그는 자신의 경험을 제한된 특정 영역에 연결 지음으로써 공간 안에서 성스러운 것과 세속적인 것이라는 질적 차이를 만들고 각각에 감정적(emotional) 특성을 부여한다. 우주적 사건들에도 공간적 특성이 부여되기 때문에 위의 도식은 개인의 경험을 넘어 확장된다. 이러한

---

23. 다음의 논의가 가장 도움이 됐다: Cassirer, *op. cit.*, pp. 83ff.; van der Leeuw, *Religion in Essence and Manifestation*, pp. 393ff.; Buess, *op. cit.*, pp. 152ff.; M. Eliade, *Patterns in Comparative Religion*, pp. 367ff.

공간 개념을 형성하는 데 신화는 다시 한번 중심적인 역할을
한다. 인간의 감각에 영향을 미치는 공간적 실재는 신화 속
에서 존재의 근원을 찾는다. 세계 실재의 한 측면으로서 그
기원은 또다시 원시 질서에 투영된다. 신성한 것으로 경험되
는 것은 특정 공간의 내용을 채우는 원시적인 힘을 표현해
낸다. 이 신성한 내용의 영속성 때문에 제의에서는 원시 행
위의 원래 공간에서 연극(drama)을 재현하면서 원시의 힘을
공유한다.

　더욱이 신화적 공간은 바로 그 신성한 실재를 공유하는
원시 세계 구조의 모방으로 간주된다. 한때 생겨났던 것이
지금 존재하고 있는 것이다. 신화는 인격화된 신적 존재의
결정적인 생성(becoming) 행위와 관련된다. 사악한 주인공에
대한 창조주의 승리 이후에 세계 실재의 구조화가 뒤따른다.
창조는 신체의 여러 부분에 해당한다는 것이 신화의 특징이
다. 육체가 때로는 창조주의 육체일 때도 있고 때로는 패배
한 적의 육체일 때도 있다. 이는 세계 구조와 인간의 삶 사이
의 존재론적 일치를 확립한다. 세계는 인간 유기체의 관점에
서 기능한다. 인간의 개별적인 삶은 보편적 우주의 축소판이
며 예정된 현실과 조화를 이루어야 한다.

　마지막으로 신화적 공간은 현실 세계와 유사한 모든 표

지들을 본질적인 동일성의 표지로 받아들인다. 공간적으로 아무리 분리되어 있더라도 그런 형태들은 친족 관계가 동일시의 근거임을 증명한다는 사실을 나타낸다. 동일한 내용을 담고 있는 공간은 거리를 초월한다. 그것들은 분리된 독립체가 아니라 원시의 힘을 공유하고 동일한 본질을 다른 형태로 나타내는 하나의 실재다. 이러한 사고 방식에서는 어떤 새로운 것이 기존 구조와 본질적으로 다른 공간에서 발생하거나 형성될 수 없다. 그러한 변화는 거부되거나 원시 행위에 흡수되어야 한다.

2. 성경의 범주

이제 우리의 목적은 예루살렘에 관한 구약의 전통을 조사하고 공간에 대한 신화적 개념이 존재한다는 증거가 있는지 알아보는 것이다. 예루살렘이 세계의 다른 모든 공간과 구별되는 특성을 가지고 있음을 발견하는 데에는 많은 노력이 필요하지 않다. 시온은 하나님께 속한 곳이기 때문에 거룩하다. 그곳에서 족장 아브라함은 이삭을 제물로 바칠 준비를 한 적이 있었다(창 22:2, 14; 참조, 대하 3:1). 그 장소가 잊혀졌을 때 선견자 갓은 천사의 지시를 받고 다윗에게 그곳이 거룩하다고 다시 일러주었다(대상 21:18). 거기서 솔로몬은 성전

봉헌식에서 불로 확증을 받았다(대하 7:1 이하).

더욱이 야웨는 시온을 영원히 자신의 "안식처"(מנוחתי)로 삼기로 선택했다(시 132:13-14; 참조, 시 125:1; 78:69). 그는 에브라임의 다른 산들보다 시온산(시 78:68)을 더 사랑하여 거기에 자신의 집을 지었다(시 87:2). 다른 산들은 하나님이 시온을 강복(降福)의 대상으로 택하셨기 때문에 질투하며 바라본다(시 68:16[68:17 LXX]). 그는 예루살렘을 자기의 도성으로 삼고 그 가운데 거한다(시 46:5). 그러므로 시온은 거룩한 산이요(렘 31:23), 온 땅의 기쁨이며(시 48:2[48:3 LXX]), 온전한 아름다움이다(시 50:2). 시온의 성벽은 거룩한 공간과 속된 공간을 분리한다(겔 42:20). 시온은 새 창조의 모퉁잇돌을 소유하고 있다(사 28:16).

한편, 시온은 하늘의 실재를 모방한 것으로 간주된다. 야웨는 자신의 성소를 지을 때 높은 하늘처럼(כמו-רמים, 시 78:69) 지었다. 그는 자신의 손으로 자신의 성소를 세웠다(출 15:17). 그는 "집회의 산"(הר-מועד, 사 14:13)이 있던 북녘 끝(시 48:2[48:3 LXX])에 시온산을 세웠다. 더욱이 그는 그것을 "땅의 배꼽에"(겔 38:12; 참조, 삿 9:37: 개역개정에서 '세상 중앙에'—옮긴이) 세웠다. 여기서 우리는 세계를 인간의 신체 측면에 비유적으로 '모방'함으로써 세계를 이해하는 신화의 의식(consciousness)을 보게 된다는 카시러(Cassirer)의[24] 주장의 명확한 예를 볼 수 있다. '배꼽'이라는 용어의 중요성을 부각시킨 공로는 주로 로셔(Roscher)에게[25] 있다. 그는 프레이저(Frazer)의 연구를 바탕으로 배꼽의 거룩함에 대한 원시적 개념이 어떻게 우주론적 중요성을 지니게 됐는지를 설득력 있게 증명했다. 탯줄이 태아에게 생명의 근원이듯이, 평평한 원형의 표면으로 생각된 세계는 배꼽을 중심으로 형성되고 유지됐다.[26]

　　로셔가 시작한 작업은 특히 아랍 문학을 기반으로 한 벤싱크(Wensinck)에[27] 의해 계속됐다. 그는 이사야 2:2 이하에서 초기 형태로 나타나는 또 다른 모티프를 끄집어 내었으며 이는 후기의 예언서 및 묵시 문학에서 중요한 역할을 했다. 산 꼭대기에 자리잡고 있는 세상의 배꼽인 성소는 하늘의 세계와 저승이 소통하는 장소가 된다.[28] 클라메트(Klameth)와[29] 예

---

24. Cassirer, *op, cit.*, pp. 90ff.

25. W. H. Roscher, *Omphalos* (Leipzig, 1913), pp. 20ff.; *Neue Omphalosstudien* (Leipzig, 1915); 그리고 *Der Omphalosgedanke bei verschiedenen Völkern* (Leipzig, 1918)도 참조하라.

26. G. Lanczkowski, 'Nabel', *RGG*[3], vol. IV, *loc. cit.*의 가장 최근의 논의와 참고 문헌을 참조하라.

27. A. J. Wensinck, *The Ideas of the Western Semites concerning the Navel of the Earth* (1916), pp. 11f.

28. *Ibid.*, p. 30.

29. G. Klameth, *Die Neutestamentlichen Lokaltraditionen Palästinas*, I

레미아스(Jeremias)는[30] 유대교와 기독교 사상에 나타나는 배꼽 개념의 발전을 연구했다.

땅의 배꼽인 예루살렘은 하늘의 도성이 지상에 내려온 곳이기도 하다.[31] 예루살렘의 성벽과 성문은 보석으로 지어졌다(사 54:11 이하). 에스겔서 40장의 도입부인 1-4절은 예루살렘이 하늘의 도성을 모방하여 묘사됐다는 것에 대한 모든 의심을 제거한다. 이 주제는 외경에서 가장 폭넓게 다루어졌다. 토빗기 13:16-17에서 그 도시는 청옥으로 된 성문과 순금으로 된 성벽이 있는 것으로 묘사되어 있다. 예루살렘이 멸망한 후에 이 주제는 더욱 빈번하게 등장한다(『에스드라2서』[『에스라4서』] 7:26; 10:54-59; 13:36; 『바룩2서』 4:2-6).

마지막으로, 시온을 에덴과 동일한 공간으로 동일시하는 신화적 이해의 증거가 있다. 두 공간이 동일한 내용을 가질 때 거리는 초월된다. 이것은 두 개의 다른 공간이 아니라 하나의 공간이다. 이사야는 에덴의 원시적인 조화를 미래의 시

(München, 1914), pp. 88ff.

30. J. Jeremias, *Golgotha* (Leipzig, 1926), pp. 40ff.

31. 참조, H. Gressmann, *The Tower of Babel* (New York, 1928), pp. 56ff.; A. Causse, 'Le Mythe de la nouvelle Jérusalem du Deutéro-Esaie à la IIIᵉ Sibylle', *RHPR*, 18 (1938), pp. 377ff.; G. von Rad, *EvTh*, 8 (1948-9), pp. 439ff.; K. L. Schmidt, 'Jerusalem als Urbild und Abbild', *Eranos Jahrbuch*, 18 (1950), pp. 207ff.

온의 일부로 묘사한다(11:6 이하). 제2이사야는 시온의 광야가 에덴과 같은 동산으로 변한 것을 보고 있다(51:3). 원시의 긴 생명은 회복된 땅의 결실과 함께 예루살렘으로 돌아온다(사 32:15 이하; 65:17 이하). 에스겔 47:1 이하에는 성전 문지방 아래에서 물이 흘러나와 급격히 증가하여 큰 강이 되어 사해로 흘러 들어가는 것을 묘사한다. 이것은 평범한 물이 아니다. 그보다도 그 효과를 보자면 우리는 그것이 낙원 동산의 생명수임을 알 수 있다. 죽은 바다(Dead Sea, "사해") 대신 지금은 살아 있는 물고기로 가득한 호수가 생겼다. 강둑에는 매달 신선한 열매를 맺는 마법의 나무인 낙원의 나무가 자라고 있다(47:12). 그 잎사귀는 병자들을 위한 약재가 된다. 회복된 결실에 대한 요엘의 묘사(3:18[4:18 LXX] 이하)는 아모스 9:11 이하를 연상시킨다.

더욱이 시온과 에덴은 둘 다 땅의 중심에 있는 세계 산(world-mountain)으로 묘사된다. 창세기 2:10-14에는 이미 에덴을 세상을 둘러싸고 있는 네 개의 세계 강(four world rivers)의 근원으로 생각하는 전통이 있었다. 에스겔은 에덴을 "거룩한 하나님의 산"(28:13-14)으로 묘사하면서 그런 전통을 가져왔다. 이 구절들에 비추어 볼 때 시온을 세계 산으로 묘사하는 예언자적 특성은 완전한 의미를 가지고 있다. 시온이 에덴이 됐다. 고도가 겨우 765미터에 불과하지만, 그것은 산들 중에서 가장 높은 곳이 되어 하늘에 닿아 주변의 모든 피조물 위에 우뚝 솟아 있다. 스가랴는 미래의 예루살렘이 온 땅 위에 우뚝 솟아 있는 모습을 비슷하게 그려냈다(14:10). 그 구절에는 다른 많은 낙원 모티프가 다시 나타난다. 새로운 시대의 급격한 변화는 계절과 날의 변화를 폐지한다. 에스겔 47장에는 물이 동쪽으로만 흐르고 있는 반면, 스가랴 14:8에서는 땅의 동쪽과 서쪽을 적시면서 흘러가는 생수를 언급한다.

시편 48:2[48:3 LXX]에는 시온이 다른 세계보다 높은 곳에 있다는 바로 그 그림이 나타나지만, 이 구절에서는 이사야서 2장에만 암시되어 있는 또 다른 모티프, 즉 "북녘 끝에 있는 시온산"이 언급되어 있다. 구약에서 이 용어는 양면적인 의미를 가지고 있다.[32] 북쪽은 마귀 원수가 내려오는 방향일 수도 있고(렘 4:6 등),[33] 또는 복의 근원, 신의 자리가 될 수도 있다. 이 구절은 이사야 14:13에서 "북녘 끝에 있는 집회의 산"에 대해 말하는 것과 같이 후자의 의미로 보인다. 그레스만

---

32. 특별히 A. Lauha, *Zaphon, Der Norden und die Nordvölker im Alten Testament* (Helsinki, 1943)를 참조하라.

33. B. S. Childs, 'The Enemy from the North and the Chaos Tradition', *JBL*, 78 (1959), pp. 187ff.

은[34] 라스 샴라(Ras Shamra)의 토판 텍스트가 발견되기도 전에 이 사상의 가나안 배경을 제안했다. 그 텍스트 발견 이후로 '북쪽에 있는 세계 산'이라는 개념이 궁극적으로 가나안 신화에서 유래했다는 것은 의심의 여지가 거의 없다. '북쪽'이라는 용어의 주된 의미는 지역적으로 가나안의 최고신, 바알 차폰의 자리인 차폰 산을[35] 가리키는 것으로 이해해야 한다. 또한 아이스펠트가 제안한 산의 위치에 비추어 본다면 세계 산이라는 개념이 어떻게 생겨났는지 쉽게 알 수 있다. 현재 예벨 엘-아크라(*Jebel ʾel-ʾakraʿ*)라 불리는 카시우스산(Mons Casius)은 높이가 1,770미터이며 북부 시리아에 높이 솟아 있다. 이 구절에서 미래의 시온은 오래된 가나안 전통에서 유래한 신화적인 그림으로 묘사되고 있다.

우리의 탐구에 따르면 '세계 산', '북쪽 산', '땅의 배꼽'과 같은 개념은 히브리인들이 주로 가나안 신화에서 차용한 것이다. 그러나 우리 연구에서 중요한 것은 동일한 그림이 에덴과 시온을 묘사하는 데 사용됐다는 것이다. 그렇기에 성경 저자들의 마음속에는 에덴과 시온이 명확하게 구별되지 않

---

34. Gressmann, *Der Messias*, p. 169.
35. Eissfeldt, *Baal Zaphon, Zeus Kasios, und der Durchzug der Israeliten durchs Meer* (Halle, 1932), pp. 5ff.

았음이 분명해 보인다. 이 동일시에는 오히려 공간에 대한 신화적 개념이 나타난다. 공간의 특성(quality)이 같기 때문에 그 둘을 동일시할 수 있었던 것이다.

이제, 시온이 신화적 공간의 관점으로부터 구약에서 잉태됐다는 우리가 방금 제시한 증거를 간략하게 요약하고자 한다. 공간에 대한 신화적 사고의 주요 특징은 분명히 존재한다. 시온은 다른 모든 '일반적인' 공간과는 구별되는 거룩함이라는 특성을 가지고 있다. 더욱이 천상의 실재를 모방한 시온은 인간의 몸의 관점에서 그려진다. 세상은 시온을 배꼽으로 하는 유기체로서 기능한다. 마지막으로, 시온과 에덴의 동일시가 있다. 둘 다 동일한 거룩한 공간의 특성을 공유하기 때문에 거리는 초월된다. 하나님이 처음에 에덴을 자신의 성소로 창조했기 때문에 이 거룩함을 공유하는 다른 모든 공간은 분명 에덴이다.

앞서 시온에 관한 신화적 공간을 이해하기 위한 표지들을 다루었지만, 구약의 중요한 장소에서 신화적 패턴이 변화됐음을 보여주는 증거도 있다. 첫째로, 시온은 하나님의 초기 창조물의 일부로서 원시 때 세워진 성소가 아니다. 더 바르게 말하자면 시온은 이스라엘 역사의 과정에서 성소가 됐을 뿐이다. 다윗이 왕위에 오른 후 예루살렘을 자신의 수도로

선택한 것은 다윗의 역사의 일부에 속한다(삼하 6장). 성전이
라는 기관은 이스라엘의 역사적 발전의 일환으로 생겨났
다.[36] 시온의 역사적 성격을 무시하고 그 기관을 신화적인 틀
에 억지로 끼워 맞추려는 시도는 증거를 무시할 때만 가능하
다. 예를 들어, 그레스만은 야웨가 첫 번째 창조 행위로서 거
룩한 산을 세웠다는 전통이 이스라엘에 있었을 것이라고 제
안한다.[37] 이 제안은 신화적인 공간 개념을 논리적으로 따른
것이다. 장소가 거룩하다면 그 내용은 원시 행위에서 비롯한
것이어야 한다는 것이다. 그러나 이스라엘의 경우에는 그레
스만의 제안을 입증할 수 없다. 이 지점이 바로 이스라엘이
신화적 틀을 깨뜨린 곳이다. 시온의 설립은 신화적인 사건이
아니라 역사적인 사건이었다.

후기 유대교에서 역사적 가치를 희생시키면서 시온의 신
화화(mythologizing)를 분명히 발전시켰던 흔적이 있었음에 주
목하는 것은 흥미롭다. 『바룩2서』 4:2-4은 하나님이 아담이
죄를 짓기 전에 보여준 낙원이 창조되기 이전에 이미 존재했

---

36. H.-J. Kraus, *Die Königsherrschaft Gottes im Alten Testament*
(Tübingen, 1951), pp. 34ff.; *Gottesdienst in Israel* (München, 1954), p.
73; Martin Noth, 'Jerusalem und die israelitische Tradition,'
Oudtestamentische Studien, VIII (1950), pp. 28ff.

37. Gressmann, *Der Messias*, p. 171.

던 예루살렘에 대해 말하고 있다. 그 원시 반석(primeval Rock)
으로부터 세계가 창조됐다.[38] 아담, 가인과 아벨 그리고 노아
는 모두 성소에서 제물을 바쳤다.[39] 아담은 거룩한 산에 묻혔
다.[40] 야곱은 이 성소에서 사다리가 하늘에 닿은 것을 보았
다.[41] 더욱이 우리의 현재 연구에서 중요한 것은 이러한 이스
라엘 역사의 신화화 과정이 이미 구약성경 역대기에서 시작
됐다는 사실이다. 거기서 이스라엘의 전체 구원사를 하나의
성소와 연관시키기 위한 노력이 이루어졌다. 역대기상 21:21
은 여부스 사람 오르난의 타작 마당을 성전이 세워질 성소와
동일시하여 다윗과 시온을 그 어느 때보다 밀접하게 연결시
킨다. 역대기 사가에 따르면, 다윗이 더 이상 시온을 성소로
삼지 않았기 때문에, 그 강조점은 사무엘하 6장으로부터 옮
겨지게 된다. 그것은 항상 그런 특징을 가지고 있다. 칼을 빼
어 든 천사는 다윗에 의해서 단지 재발견된 그 거룩함을 확
인시켜준다. 그리고 나서 역대기하 3:1은 예루살렘을 모리아

---

38. Yoma 54b (Bar.), Jeremias, *op. cit.*, p. 54에 의해 인용됐다.

39. 아담: Palestinian Targum on Gen. 8:20; 가인과 아벨: Pirqe Rabbi
    Eliezer 23 (in G. Friedlander's translation, London, 1916, 171); 노아:
    Pirqe Rabbi Eliezer 31 (Friedlander, 227); Jeremias, *ibid.*, p. 24로부터
    인용했다.

40. Jeremias, *ibid.*, p. 39.

41. Genesis Rabba 77, in Jeremias, *ibid.*, p. 24.

산과 동일시하고 족장 아브라함과 이삭을 시온과 연결한다. 시온을 원시로 다시 투영하고 역사를 재해석하여 그 중심 역할을 반영하려는 후기 유대교의 이러한 신화적 경향은 원래 시온 전통의 비신화적 성격을 강조할 뿐이다.

히브리인의 역사에 대한 이해와 밀접하게 연관되어 있고 순전히 신화적인 공간 개념과는 대조되는 두 번째 변화가 있다. 시온은 에덴의 현시로 묘사되지만 신화에서처럼 둘 사이가 단순히 동일시되는 것은 아니다. 예언자들은 때때로 시온과 에덴을 비유적으로 관련시킨다: "주님은 … 그녀(시온)의 광야를 에덴**처럼** 그녀의 사막을 야웨의 동산처럼 만드실 것이다"(사 51:3). 더욱이 앞서 언급한 시온이 에덴의 모든 특성을 직접적으로 취한 많은 경우에도 신화에 대한 단순한 동일시는 존재하지 않는다. 그보다도 시온에 관한 내용은 원시에는 없는 새로운 요소로 채워진다. 시온은 성전이 있는 곳이며 하나님이 택하신 백성의 성소이고 다윗 왕의 거룩한 도성이다. 역사에 나타난 하나님의 계시에 대한 히브리 개념의 핵심은 그렇게 역사 위에 놓인 제도들을 다시 태초(beginning)에 투영함으로써 동화시키지 않는다는 것이다. 역사의 과정은 원시 때의 신성한 공간 위에 새로운 것을 만들어내는 것으로 간주된다.

　　마지막으로, 불변하는/절대적인 거룩함을 특징으로 하는
신성한 공간에 대한 신화적인 이해는 히브리 예언자들에게
단호히 거부됐다. 신화에 따르면 공간은 창조 시에 방출된
원시 때의 태곳적 힘을 소유할 때 신성하다. 신화는 신성한
장소가 원시의 힘에 참여할 때 주기적인 변동(rhythmic fluc-
tuation)을 허용하며, 그렇게 제의(cult)는 이 잠재된 힘을 재활
성화하는 기능을 한다. 그러나 예언자들은 신성한 공간에 대
한 그런 신화적인 이해를 거부했다. 거룩함은 원시의 행위에
서 비롯된 비인격적인 힘이 아니라 언약의 하나님에게 속하
는 행위이자 그분의 존재를 공유하는 행위다. 장소는 야웨와
의 관계를 떠나서는 결코 거룩하지 않다. 그것은 영구적인
거룩함의 특성을 가질 수 없다. 공간의 내용은 신성한 장소
가 가진 고유한 특성보다는 야웨와의 관계에 의해 결정된다.
이사야는 믿음으로 인정된 시온의 참된 거룩함과 휩쓸려 가
버릴 경험적인 예루살렘에 대한 그릇된 확신을 대조한다(사
28:14 이하). "시온은 피로 지었고, 예루살렘은 불의로 지었기"
때문에 예언자 미가는 그것의 완전한 멸망을 선언했다(미
3:10 이하). 마찬가지로 예레미야는 신성한 예루살렘의 불가침
성에 대한 현재의 견해를 공격한다. 성전은 "강도들의 소굴"
이 됐고 실로처럼 완전히 황폐해질 것이다(렘 7:1 이하). 에스겔

에 따르면 예루살렘은 야웨의 영광이 임재할 때만 거룩한 도
성이다(겔 9-11장, 43-44장). 그러므로 예언자들은 확고한 윤리
적 의미를 가지고 신성한 공간을 신학적으로 재해석함으로
써 신화적인 공간 개념으로부터 근본적으로 벗어났다.

우리는 지금까지 구약이 신화적인 공간 개념을 사용하고
있지만 결정적인 지점에서 변형된 형태로 사용하고 있음을
보여주려고 시도했다. 이제 우리는 이 특정한 범주를 선택한
목적이 무엇인지를 자문해봐야 한다. 성경 저자들은 변형된
신화적 패턴에서 새로운 현실을 증언할 수 있는 적합한 수단
을 찾았는가? 우선 신화적 공간 개념이 위치보다는 공간의
특성을 강조하는 데 성경 저자들에게 유용하게 사용됐다는
것을 제안하고 싶다. 구약의 예언자들이 주로 관심을 가졌던
공간은 바로 그런 종류의 공간이다. 에덴과 시온은 동일한
공간의 특성을 공유한다. 에덴과 시온은 둘 다 하나님과 그
의 창조물 사이에 완전한 조화가 존재하는 장소로 묘사된다.
여기에 하나님의 소유이며 그의 통치를 반영하는 공간이 있
다. 타락한 세계와는 대조적으로 새로운 창조물이 등장하여
공간으로 들어갔다. 시온은 에덴의 관점에서 그려질 수 있는
데, 이는 시온과 에덴이 모두 하나의 실재, 즉 새 창조에 대한
특별한 표현이기 때문이다.

둘째, 성경적 형태의 신화적 공간 개념은 역사의 시작에 등장해 이스라엘 역사를 통해 계속해서 나타난 공간적 실재를 증언한다. 이 신화는 시온에 나타난 것이 새로운 것이 아니라 이미 에덴에서 나타났던 것임을 가리킨다. 더욱이 미래의 시온은 에덴 동산으로 묘사되어 후대에 도래할 것조차도 이미 알려진 새 창조의 일부임을 증거한다. 동일한 새 창조의 공간적 실재에 참여하는 하나님의 구원 행위의 연속성은 변형된 신화에서 분명하게 표현된다. 그렇지만 구약에서 신화적 형태는, 새로운 창조의 계시인 역사에서 행한 하나님의 행위에 관해, 변형되지 않은 상태에서는 타당성을 얻지 못했기 때문에 변형됐다. 시온에 대한 묘사에서는 발견되지만 에덴에는 없었던 새로운 요소들은 공간에서 하나님의 새 창조가 역사적으로 더욱 많이 드러나게 됐음을 나타낸다. 미래의 시온은 에덴으로의 단순한 회귀가 아니다. 이스라엘의 역사는 공간에서 일어나는 하나님의 구원 행위에 대한 기록이다. 인간의 죄로 인해 이 실재가 베일로 가려졌다. 구원받은 백성에 대한 하나님의 통치의 공간적 표시가 되어야 할 시온은 죄 많은 이스라엘에게 안전함을 제공해 주는 수단이 됐다. 에덴의 관점에서 묘사된 새 예루살렘은 과거에 시작된 일이 미래에 성취될 것이라는 예언적 확신을 담고 있다.

마지막으로 우리는 변형되지 않은 신화에서 신화적 공간 범주가 수행하는 역할과 구약의 목적을 비교함으로써 이 논의를 마무리하고자 한다. 공간 범주의 구조가 매우 유사함에도 불구하고 각각의 역할은 본질적으로 그 목적이 다르다는 것이 우리의 주장이다. 신화는 비존재의 세계를 극복하면서 원시의 행위에서 발생한 것으로 간주되는 현재 세계의 질서 관점에서 공간적 실재를 이해하고자 한다. 이런 식으로 존재하게 된 공간은 그때 그 내용을 받아들인다. 신성한 공간의 본질은 달라지지 않고 창조 행위를 재현하는 제의에 의해 유지되고 재활성화된다. 이 신화적인 공간 범주는 현실을 정적이고 불변하는 실체로 인식하는 세계관을 반영하고 있으며, 실제로는 주기적인 패턴으로 변동하지만 항상 과거로의 회귀를 목표로 한다.

이와는 대조적으로 구약의 공간 범주는 준(quasi)신화적 형태를 채택하면서도 기본적으로 다른 실재 개념을 표현하는 데 사용됐다. 구약은 공간적 실재를 현재의 세계 질서나 비존재의 세계와 동일시할 수 없는 새로운 창조라는 관점에서 이해했다. 역사 속의 하나님은 새로운 시간적 실재와 유사한 새로운 공간적 실재를 존재하게 했다. 그것은 현재의 공간 세계와 분리되어 있지는 않았지만 공간에 대한 특성에서 차이가 있었다. 이스라엘의 역사는 하나님의 새 공간이 '옛 공간'의 세계로 들어와 거부당하고 오해를 받은 역사다. 예언자들은 소망을 가지고 이미 경험했던 새 창조의 실재가 충만하게 다가올 미래를 바라보았다. 이사야는 '그의 영광이 온 땅에 충만하도다'라고 선포하는 스랍들(seraphim)의 찬송을 들었다. 그의 메시지는 불경스러운 인간 피조물에 대한 심판 선포와 이미 희미하게 인식된 현실의 완성에 대한 구원 소망의 선포가 됐다.

공간에 대한 구약의 이해는 신화적인 것이 아니라 종말론적이었다. 과거가 아닌 미래를 바라보고 있었다. 그러나 이 새로운 공간적 현실 속의 긴장을 표현하기 위해 신화적 범주를 선택했다. 이 새 공간은 하나님의 거룩함을 그 내용으로 하고 있지만 불경스럽고 타락한 공간 가운데 형성됐다. 이 새 공간은 이미 나타났지만 아직 완성되지는 않았다.

제5장
신화의 신학적인 문제

A. 주석의 결과 요약

우리는 신학적 함의를 도출하기 전에 연구 결과를 간략하게 요약하고자 한다. 구약의 신화 문제는 H. 궁켈(Gunkel)에 의해 처음으로 명확하게 표명됐다. 당대의 관행처럼 고대 동양 신화와 성경 구절의 임의적인 유사성을 도출하는 것과는 달리 궁켈은 구약 내의 신화 연구에 대한 건전하고 과학적인 접근 방식을 개발했다. 그는 신화적인 소재가 이스라엘의 전통에 들어가 점차 동화되어가는 과정을 고도의 객관성을 가지고 추적하는 방법을 완성했다. 궁켈은 1895년 초에 자신의 획기적인 저서 『창조와 혼돈』(*Schöpfung und Chaos*)에서 이스라엘이 창조 신화에 기초하여 신화를 탈신화화하는 과정을 보여주었다.

그러나 그가 탈신화화 과정의 다양한 단계를 비할 데 없이 명확하게 기술했음에도 불구하고, 우리의 견해로는 그와 자신의 후계자들이 만족스럽게 해결하지 못한 두 가지 문제가 있었다. 이 두 가지 질문에 대답하는 것이 이 연구의 목적이었다.

1. 첫째, 궁켈은 이스라엘에서 탈신화화 과정이 **어떻게** 일어났는지를 이해하는 데 있어서 형식적 측면을 넘어서지 못했다. 그는 신화 자료들이 겪은 변화를 정확하게 추적하긴 했지만 그의 주요 관심은 신화의 초기 단계를 재구성하는 데에 있었다. 이러한 경향은 특히 그의 창세기 주석에서 분명하게 드러난다. 그는 이스라엘이 신화를 극복하기 위해 고군분투했던 실제 과정에는 충분한 관심을 기울이지 않았다. 오히려 그는 이스라엘의 동화 노력을 단지 신화에 대한 일신론적 혐오에서 비롯된 것이라고 특징지었다.[1] 그래서 궁켈은 신화적인 파편들이 히브리 전통에 남아 있는 것을 볼 때마다 그것이 일신교의 발전을 저해하는 소화되지 않은 작은 파편

---

1.   Gunkel, *Genesis* (4th ed.), pp. xivf.

이라고 결론지었다.

이 문제에 대한 우리의 접근 방식은 일신교라는 목표를 가정하는 것이 아니라 실재에 대한 이스라엘의 기본적인 이해에서 시작하는 것이었다. 이것을 열쇠로 삼아 우리는 이스라엘 투쟁의 정확한 성질을 보여주려고 노력했다. 이스라엘이 신화 자료를 동화시킨, 다양한 통제 수준을 측정하기 위한 기준이 개발됐다. 우리는 실재에 대한 성경적 이해와 신화적 이해 사이에서 발생한 마찰의 관점에서 이를 수행했다. 궁켈이 '신화의 흔적들의 보고'로 묘사한 창세기 1:2 및 3:1-5과 같은 구절들을 면밀히 조사한 결과, 노련한 동화 과정에 담긴 높은 수준의 신학적 이해가 드러났다. 통제가 훨씬 덜 된 것으로 입증된 다른 구절에서는 탈신화화 과정이 시작된 결정적인 지점을 확인했다. 더욱이 우리의 연구는 신화적 자료 내에서 성경 저자들이 재사용할 수 있었던 요소들을 보여주었다. 이스라엘의 전통에서 변형된 신화는 초기 발전 단계의 일부로서 부정적으로만 판단될 수 없는데, 이는 실재에 대한 성경적 이해를 전달하는 독특한 목적을 가지고 있었기 때문이다.

2. 둘째, 궁켈은 **어째서** 신화가 이스라엘에서 탈신화화됐는지에 대한 신학적 문제를 적절하게 다루지 않았다. 이러한

실패는 궁극적으로 궁켈의 기본적인 신학적 전제에서 비롯
됐다. 그는 헤르더(Herder)의 낭만주의 전통에 서서 이스라엘
의 고풍스럽고 원시적인 전통을 그것이 변형되기 이전의 형
태로 재현하는 것을 자신의 임무로 생각했다. 그는 이스라엘
의 역사를 현대의 독자가 미학적 참여를 통해서만 접근할 수
있는 '경건의 역사'(*Frömmigkeitsgeschichte*)로 이해했다.[2] 우리는
그런 범주들이 그로 하여금 신화의 중심적인 신학 문제를 제
기하게 하는 일을 막았다고 생각한다. 우리의 목적은 이스라
엘이 신화에 반대되는 실재에 대한 이해를 가지고 있었기 때
문에 신화를 극복하는 데 성공했다는 것을 증명하는 데 있었
다. 우리는 창세기 3:1-5 및 6:1-4과 같은 구절을 주석하면서
투쟁의 매우 신학적인 성격을 드러내려 했다. 또한 우리의
연구는 이스라엘이 새로운 실재에 대한 그들의 이해를 분명
히 드러낸, 독특한 성경적 시간과 공간 개념을 표현하기 위
해 신학적 범주를 형성하는 데 있어 신화의 역할을 조명하려
고 노력했다.

---

2. H.-J. Kraus, *Geschichte der historisch-kritischen Erforschung des Alten
    Testaments von der Reformation bis zur Gegenwart* (Neukirchen,
    1956), pp. 300ff.의 탁월한 분석을 참조하라.

B. 신학적 문제

마지막으로 이 연구에서 몇 가지 신학적 결론을 이끌어 낼 때가 됐는데, 이를 통해 성경의 실재 문제에 관한 현대의 논의에 기여하기를 기대한다. 핵심 질문은 다음과 같이 표현될 수 있다. '성경이 증거하는 실재의 본질은 무엇인가?' 우리는 성경신학의 관점에서 이 문제에 접근할 것이다. 예컨대, 우리는 틸리히(P. Tillich)의 『성서 종교와 궁극적 실재 탐구』(*Biblical Religion and the Search for Ultimate Reality*, 1955; 비아, 2021 역간)에서 제기된 조직신학의 광범위한 문제를 잘 알고 있다. 거기서 틸리히는 성경적 실재 이해를 존재의 체계에 대한 존재론적 분석과 연관시키려고 시도했다. 이 조직신학의 문제는 우리 논의의 범위를 벗어난다. 우리가 제시하는 성경의 자료를 조직신학자가 자신의 더 넓은 문제에 대한 답을 찾는 데 사용할 수는 있겠지만, 우리는 성경 안에 있는 실재의 문제로 범위를 제한하고 있다.

1. 구약의 새로운 실재는 '새 이스라엘'이다

성경이 말하는 새로운 실재는 역사적 이스라엘 안에서 구체화됐다. 구약은 이스라엘 백성의 이야기를 기록하고 있

다. 구약성경은 특정한 시대에 고정되고, 제한된 지리적 영역
에 국한되어 있으며, 특별한 민족에 초점을 둔 역사적 상황
속에서 하나님이 새로운 종류의 존재를 만드신 것을 보았다.
히브리 민족의 역사적 발전 과정에서 구약은 새로운 요소를
가진 세상으로 들어가기를 상상했다. 또한 구약은 이집트를
탈출하면서 그들을 백성으로 삼고, 팔레스타인을 정복하여
그들에게 거처를 마련해 주었으며, 언약을 통해 그들에게 규
례를 준, 이스라엘의 언약의 하나님과의 만남이라는 관점에
서 이 전체 백성의 존재를 설명했다. 이스라엘은 그들이 경
험한 형태로만 하나님을 알았다.

   우리는 성경이 말하는 실재가 역사적 이스라엘의 삶 속
에서 형성됐다는 것을 강조하고 있다. 그러나 그 실재란 무
엇인가? 우리가 보기에 구약이 전하는 메시지는 '새 이스라
엘'이라는 실재다. 신실하게 순종하는 이스라엘은 새로운 존
재다. 구약은 구원 행위의 주도권을 일관되게 하나님 편에
두었다. 다만 순종의 응답이 있을 때만 새로운 실재가 된다
는 것을 강조한다. 이 실재는 추상적인 지식이 아니라 동료
들에게 정의와 자비를 베푸는 구체적인 행동이다. 예언자들
은 항상 언약적 순종의 관점에서 하나님을 기쁘게 하는 삶의
본질을 묘사하려고 했다. 세상을 향한 하나님의 구원의 목적

은 정의를 행하고 자비를 베풀며 겸손하게 하나님과 동행하는 이스라엘의 가시적인 모습으로만 나타났다.

구약성경은 이스라엘의 경험을 하나님이 새로운 형태의 존재를 만들어 내는 과정으로 생각했다. 신화에 대한 우리의 연구는 새로운 실재를 경험한 이들이 외래의 신화를 파괴하는 과정에서 어떤 방식으로 자신을 표현했는지를 보여주려고 시도했다. 그들은 신화에서 발견되는 실재의 개념이 자신들이 속해 있던 새로운 실재와 대립했기 때문에 그것을 용인할 수 없었다. 유사한 방식으로 이스라엘은 모든 규례와 전통을 자신의 실재 개념과 일치시키는 방식으로 변형함으로써 새로운 삶을 표현했다. 그러나 구약은 이스라엘이 새로운 삶의 방식을 거부한 역사이기도 하다. 그것은 옛 형태의 존재가 새 형태의 존재를 배척하기 위해 싸웠던 방식에 대한 이야기다. 점진적인 완성을 향한 '상향 경사선' 없이 구약은 갈등으로 끝난다. 새로운 존재는 이스라엘 안에서 스스로를 유지할 수 없기 때문에 구약은 신약을 떠나서는 신학적으로 무의미하다.

구약이 말하는 실재와 이스라엘의 전체 경험을 연결하면서 우리는 이 실재의 본질에 관련하여 몇 가지 중요한 주장을 하려 한다. 구약에서 궁극적인 것은 역사, 전통, 규례, 사고 방식, 언어를 포함하여 이스라엘의 일상 생활의 형태와 불가분의 관계에 있다는 것을 우리는 확인한다. 성경적 실재는 외부의 어떤 신적 행위에서 발견되지 않는다. 이스라엘의 특정 색채와 분리될 수 있는 '객관적 사건'은 없다. 우리는 실재를 찾기 위해 이스라엘의 '배후에' 침투할 수 없다. 오직 이 사람들의 경험에 반영됐을 때에만 그것에 접근할 수 있다. 히브리 문명의 특수성에 대한 연구를 통해서만 구약이 말하는 실재를 이해할 수 있다. 이 외에도 이스라엘에 나타나는 실재에 대한 주장은 그것이 특정한 역사적 표현과 분리될 수 없다는 중요한 의미를 내포하고 있다. 모든 역사적 환경에 둘러싸인 실체의 한계와 모호함에도 불구하고, 새로운 형태의 존재는, 시간적 측면에서 영원한 것을 추상화하거나 형태와 내용을 구별하려는 어떤 시도가 실재를 파괴할 정도로 구체적인 형태를 취했다.

2. 다른 접근 방식과 대조되는 우리의 입장

실재에 대한 성경적 이해와 관련하여 우리가 발전시켜온 입장은 여러 현대 신학자들의 접근 방식과 간략하게 대조함으로써 더 명확해질 수 있다. 우리는 성경적 실재를 역사적 이스라엘 안에서 구체적인 형태를 취한 '새 이스라엘'로 이해하자고 제안했다. 우리는 새로운 실재를 이스라엘의 전체 경험의 맥락 안에 설정했다. 우리는 실재를 이스라엘의 전통 안에 있는 사상이나 역사적 요소 등 이스라엘의 삶의 어느 한 측면과 연결 짓기보다는 역사적 이스라엘의 **총체적 표현**에 연결시키는 것이 매우 중요하다고 생각한다. 실재는 이 구체적인 표현의 추상 개념이나 제한에서가 아니라 이스라엘에게서 발견되어야 한다. 우리는 이스라엘이 스스로를 드러낸 전체 표현에서만 그것을 접하게 된다. 이스라엘의 '범죄'는 그들의 경험을 숨기거나 영성화한다고 해서 피할 수 있는 것이 아니다. 현대 성경신학이 이 문제에 대한 성공적인 해결책에 도달하지 못한 것은 실재를 이스라엘의 구체적인 경험이 아닌 다른 것과 관련시키려는 시도에서 비롯된 것으로 보인다. 일반적으로 이것은 이스라엘의 **사상**에서 실재를 찾거나 삶의 특정 측면에 들어맞을 수 있는 어떤 역사적 **개념**에서 실재를 찾는 형태를 취했다. 우리는 이 같은 문제의 해결책에 대한 몇 가지 중요한 시도들을 참고하여 이를 설명해 보고자 한다.

    a. 고전 자유주의는 역사비평이 성경에 미친 영향에 따라 생겨났다. 성경에 기록된 모든 사건에 대해 절대적인 역사성을 주장하는 정통적인 입장은 지지할 수 없게 됐다는 것이

일반적으로 받아들여졌다. 자유주의는 이상주의 철학(ideal-istic philosophy)을 통해 성경의 궁극적인 가치를 유지하려고 노력했다. 거기서는 '불변의 진리'(abiding truths)와 '일시적인 장식물'(temporal trappings) 사이가 구분됐다. 사상의 관점에서 이러한 진리는 성경적 배경(Biblical settings)의 한계로 인해 추상화될 수 있었다. 확실히 자유주의적 접근은 이스라엘의 경험의 '주관적인' 측면을 실재의 매개자(medium)로서 진지하게 받아들이려고 노력하는 데 성실한 기여를 했다. 다만 그것을 명확히 나타낸 역사적 이스라엘과 분리된 단순한 사상으로 실재를 정의하는 것의 약점은 우리 시대에도 거듭 강조되고 있다.

b. 최근에 성경의 실재에 대해 이해하는 문제는 성경의 실재를 다양한 역사 개념과 연관시키려는 형태로 나타났다.[3]

---

3. 역사 문제에 관한 최근의 문헌은 방대하다. 필자에게 도움이 된 작품은 다음과 같다: A. Weiser, *Glaube und Geschichte im Alten Testament* (Stuttgart, 1931); C. H. Dodd, *History and the Gospel* (London, 1938), pp. 11-38; O. Piper, *God in History* (New York, 1939); W. F. Albright, *From the Stone Age to Christianity* (2nd ed. Baltimore, 1946), pp. 48-87; P. S. Minear, *Eyes of Faith* (Philadelphia, 1946); M. Buber, *Moses* (ET; London, 1946), pp. 13-19; Amos Wilder, 'Heilsgeschichte and the Bible', *Christendom*, XIII (1948), pp. 10ff.; G. von Rad, 'Theologische Geschichtsschreibung im Alten Testament', *TZ*, 4 (Basel, 1948), pp. 161ff.; W. Eichrodt, 'Offenbarung und Geschichte

정통주의와 자유주의의 시도에 의해 발생한 교착 상태를 타
개하기 위한 노력의 일환으로 역사의 공통적 의미를 일반적
으로 재정의할 필요가 있었다. 예를 들어, 루돌프 불트만
(Rudolf Bultmann)은 '게쉬히테'(*Geschichte*)와 '히스토리에'
(*Historie*)라는 관점에서 역사를 재정의했다. '게쉬히테'는 인
간이 실존적으로 관여하는 사건인 반면, '히스토리에'는 내
재적 인과 관계로 결합된 역사이며 역사비평의 대상이 된
다.[4] 불트만은 성경의 실재를 실존의 역사와 연관시키려고

---

im Alten Testament', *TZ*, 4 (1948), pp. 321ff.; O. Cullmann, *Christ and Time* (ET; London, 1951); P. S. Minear, 'Between Two Worlds', *Interpretation*, V (1951), pp. 27ff.; Robert Pfeiffer, 'Facts and Faith in Biblical History', *JBL*, 70 (1951), pp. 1ff.; G. Ernest Wright, *God Who Acts* (London, 1952); B. Davie Napier, *From Faith to Faith* (New York, 1955); M. Burrows, 'Ancient Israel', *The Idea of History in the Ancient Near East*, ed. R. Dentan (New Haven, 1955), pp. 101ff.; H.-J. Kraus, 'Das Problem der Heilsgeschichte in der "Kirchlichen Dogmatik"', *Antwort* (Zollikon, 1956), pp. 69ff.; F. Hesse, 'Die Erforschung der Geschichte als theologische Aufgabe', *KeDo*, 4 (1958), pp. 1ff.; J. Coert Rylaarsdam, 'The Problem of Faith and History in Biblical Interpretation', *JBL*, 77 (1958), pp. 26ff.; J. Hempel, 'Die Faktizität der Geschichte im Biblischen Denken', *Biblical Studies in Memory of H. C. Alleman* (Locust Valley, N.Y., 1960), pp. 67ff.; *Offenbarung als Geschichte*, ed. W. Pannenberg (Göttingen, 1961).

4. Bultmann의 역사 개념에 대한 포괄적인 분석을 위해서는, H. Ott,

시도하면서, 역사비평의 영역으로부터 실재를 제거하는 동시에 성경의 실재의 사건 성격을 유지하려고 노력했다. 현대 신학은 역사주의의 제약으로부터 실재를 해방시키면서도 인간과 실재의 만남이라는 사건 성격을 보존하려는 그의 통찰에 많은 빚을 지고 있다. 그러나 불트만의 실존적 역사는 진정한 역사적 토양이 결여된 매우 활기가 없고 메마른 역사가 됐다. 오트(Ott)는 그것을 역사의 진정한 육체성이 결여된 것(*Unleiblichkeit*)으로 특징지었다.[5] 여기에서 우리는 불트만의 실존 역사관에서 실재와 관련한 공동체의 역할이 무엇인지 궁금해 하게 된다.

쿨만(O. Cullmann)의 저서 『그리스도와 시간』(*Christ and Time*, ET 1951; 나단출판사, 1987 역간)은 불트만의 역사 개념에는 직선적 시간이라고 여겨지는 성경의 역사의 진정한 특성이 결여되어 있다고 혹평한다. 그의 신중한 연구에서 쿨만은 또한 '게쉬히테'와 '히스토리에' 사이의 구별을 받아들이고, 전자의 용어를 종말론적 완성을 향해 직선적 시간으로 나아가는 하나님의 구원 역사라는 관점에서 재해석한다. 우리는 쿨

Geschichte und Heilsgeschichte in der Theologie Rudolf Bultmanns (Tübingen, 1955)를 참조하라.

5.　*Ibid.*, p. 176.

만이 연대기적 시간의 신학적 의미를 지적하는 데 귀중한 공헌을 했다고 생각하는데, 그것이 없이는 진정한 역사가 있을 수 없기 때문이다. 그럼에도 불구하고 우리가 이 연구에서 앞서 지적했듯이 성경에 나오는 시간의 개념이 실제로 직선적인 것인지는 매우 의심스럽다. 우리는 또한 쿨만의 '게쉬히테'가 역사의 진정한 특성이 결여된 일종의 추상적 개념의 한 유형이 되는 것은 아닌지 궁금하다. '게쉬히테'가 "발생하고 있다"라고 말하지만 역사적 측정가능성 영역으로 들어가지 않는 것은 역사를 상징적으로 다루고 있는 것이 아닌가?

카를 바르트(Karl Barth)는 역사 이론을 먼저 발전시킨 다음 그것을 성경의 계시에 적용하려는 위의 시도들에 반대한다. 그는 또한 성경의 실재가 단지 종교의 역사로만 전락하지 않도록 '게쉬히테'와 '히스토리에'의 관점에서 역사를 정의하는 것에 비판적이다. 바르트는 하나님이 은혜 언약을 완성하기 위해 자신의 말씀(곧, 예수 그리스도)을 통해 목적을 실행한다는 관점에서 역사를 정의한다.[6] 바르트는 엄격하게 성경의 범주 안에 머물면서 이원론적 역사 개념의 위험을 회피한다. 비록 그가 역사에 대해 신학적으로 정의를 내리려고 시도하지만, 실제로 그의 역사 개념은 지상에 국한된 특성을

---

6. Karl Barth, *Die Kirchliche Dogmatik*, III-1, pp. 63ff. [ET. pp. 59ff.].

잃어버리는 경향이 있다. 바르트는 분명 역사비평을 인정하지만, 그것의 결과는 그의 역사 개념에 어떤 실질적인 내용에 영향을 주지 못한 채 단지 형식적인 문제에만 치중한다. 바르트가 역사에 관한 문제를 해결했는지 아니면 단순히 회피했는지 진지하게 의문을 제기할 수 있다.

우리의 견해로는, 역사를 재정의함으로써 성경이 증언하는 실재를 이해하려는 이 세 가지 시도는 서로 크게 다르긴 하지만, 공통적으로는 어떤 추상성을 가지고 성경의 실재의 구체성을 희생시키고 있다.

c. 어니스트 라이트(G. Ernest Wright)는 이러한 역사의 추상적 개념을 피하기 위해 구약의 구속사(*Heilsgeschichte*)를 "역사의 외부적이고 객관적인 사건들"에 근거할 것을 제안한다.[7] 그는 경험으로 검증된 이스라엘의 구체적인 역사에 성경의 실재를 연결시킨다. 이러한 사건들로부터 신앙과 관련한 '추론'이 도출된다. 이 방법은 확실히 추상성의 함정을 피했다. 이스라엘의 진정한 역사는 풍부하고 다양하게 나타난다. 그러나 이 접근 방식에 내재된 또 다른 위험은 없는지 의문이 제기될 수 있다. 구약이 말하는 실재를 '객관적 역사'에 국한시킬 수 있는가? 이는 이스라엘이 그들의 경험을 '실제 사건'

---

7.   G. Ernest Wright, *op. cit.*, p. 55.

으로 표현하는 것 배후에 침투하려는 시도인가? 이 접근 방
식이 역사비평으로 하여금 실재가 나타날 수 있는 영역을 제
한하게끔 하지는 않는가? 또한 성경의 실재에 대한 증거는
비평의 기초 위에서 주관적인 부분과 객관적인 부분으로 나
눌 수 있는가? 우리는 '역사적 예수 탐구'에 대한 신학적 반
대가 '역사적 이스라엘'에 대한 탐구에도 적용될 수 있다고
생각하는 바다.

3. 실재에 대한 접근법의 신학적 의미

　우리는 철학적이든 역사적이든, 성경의 실재를 이해하는
데 방해가 되는 이러한 다양한 함정들을 추상적인 개념에서
이스라엘의 삶의 구체적인 표현으로 주의를 돌림으로써 피
할 수 있다고 제안한다. 실재를 찾기 위한 탐구에서 현대의
범주를 거부함으로써 우리는 이스라엘이 그 존재를 표현한
그들 고유의 범주를 받아들일 수 있다. 이스라엘은 무용담과
전설에서, 변형된 신화뿐 아니라 비역사적인 수단 및 역사적
인 수단을 통해, 그들의 존재에 대한 이해를 분명히 했다. 새
로운 실재가 이스라엘의 삶에서 구체적인 형태를 띠었기에
실재는 확증된 역사성을 지닌 사건뿐 아니라 그 전체 삶의
모든 부분과 연결되어 있었다. 구약의 '구원사'는 이스라엘

의 삶이다. 우리가 추적해 온 신화 전통의 탈신화화 역시 이 역사의 명백한 일부를 차지한다. 당연히, 우리가 이스라엘에 대한 입장을 취하고, 이스라엘의 경험을 단순히 자신들이 마주한 사건이 아닌 **하나님과의** 진정한 만남으로 볼 것인지 여부는 우리의 믿음이 결정할 문제다.

더욱이 우리가 제안한 접근 방식은 성경의 증거에 대한 주관적인 부분과 객관적인 부분 사이에 자주 설정됐던 잘못된 대조를 파괴한다. 구약이 다루는 실재는 이스라엘 전체에 고정되어 있다. 실재는 이스라엘이 위에서부터 큰 영향을 받고서 거기에 그들의 주관적인 성찰을 덧붙인 역사적 사건에서는 찾아볼 수 없다. 그러한 모든 구분은 하나님이 이스라엘의 전체 경험을 통해 자신을 알렸다는 사실을 진지하게 받아들이지 않는다. 이스라엘의 기억과 의식과 성찰 속에서 구약의 구원사가 일어났다. 구약은 이스라엘이 자신의 경험을 일관되게 공표한 것이기에 역사를 담고 있다고 할 수 있다. 이것이 성경의 전통을 신학적 책임감을 가지고 다루는 유일한 관점이다. 야웨사가의 초기 표현과 대조적으로 제사장 전통에 기록된 창조 이야기의 발전은 '주관적 첨가물'로 치부될 수 없으며 이스라엘의 새로운 삶의 표현으로 평가되어야 한다.

이는 역사비평과 성경의 실재 사이의 관계 문제로 이어진다. 새로운 실재를 역사적 이스라엘의 전체 삶과 연결할 때 역사비평을 매우 진지하게 사용할 수 있다. 우리는 역사적 연구를 통해 이 고대 사람들의 삶을 재구성할 수 있는 수단을 얻게 됐다. 우리는 역사에 대한 이원론적 개념 사용을 거부함으로써 실제적이고 지상에 국한된 특성을 지닌 역사의 통일성을 회복했다. 역사적 이스라엘의 그림이 더욱 포괄적으로 그려질수록 구약이 다루는 실재에 대한 우리의 이해가 더 완전해질 것이다. 이렇게 우리는 신학의 필수 도구로서 진정한 역사 연구를 위한 공간을 마련했다.

그러나 역사비평은 결코 성경의 실재를 제한할 수 없다. 그것은 그 실재를 어떤 특정한 역사 형태로 제한시킬 수 없다. 새로운 실재는 성경 속 사건의 역사성에 얽매이지 않는다. 역사비평은 가능한 한 가장 높은 정확도로 과거에 대한 포괄적인 그림을 재구성하는 것을 목적으로 한다. 기록된 사건의 역사성을 결정하고, 그 자료를 역사 전기, 신화, 무용담 등의 다양한 문학 형식으로 분류한다. 그것은 주로 이스라엘 공동체의 내적 삶에서 비롯된 사건들과 견고한 역사적 기반을 가진 사건들을 발견해 낸다. 이스라엘이 성장하고, 발전하고, 쇠퇴한 역사적 과정을 추적한다. 다시 말해 역사비평은 기술적인 학문(descriptive science)이다. 그 도구로는 성경이 말하는 실재에 대한 가치 판단을 내릴 수 없다. 순종적이고 신실한 이스라엘이라는 구약의 새로운 실재는 분명 역사성 측면에서 측정할 수 없다.

역사비평이 이 판단을 내릴 수 없다면, 구약의 새로운 실재를 판단하는 기준은 무엇인가? 우리는 구약이 다루는 실재를 히브리 민족의 구체적이고 역사적인 삶 속에서 형성된 '새 이스라엘'이라고 묘사했다. '새 이스라엘'과 '옛 이스라엘'은 어떻게 구별될 수 있는가? 구약 전체의 증언에 따르면 새로운 존재를 측정할 수 있는 일반적인 윤리적 원칙이나 '올바른 교리'는 존재하지 않는다. 그러한 외래적 범주는 구약성경의 권리를 침해할 뿐이다. 우리는 성경 내부의 범주를 발견해야 한다. 우리는 구약에서 이스라엘의 하나님 및 이스라엘 자신에 대한 이해와 관련한 성장과 변화를 볼 수 있다. 구약 전체에 기초하여 구약 신앙의 주요 강조점이 어디에 있는지를 탐구하는 것은 해석자의 중요한 임무다. 그러나 이스라엘 신앙의 중요성의 측면에서는 그 실재의 기준이 탐구될 수 없다. 이 시점에서 그리스도인은 신앙 고백을 한다. 새로운 실재를 판단하는 궁극적인 기준은 구약에 있지 않다. 예수 그리스도 안에서 **이** 새로운 실재는 스스로를 인증하는

'새 이스라엘'로 나타났다. 진정으로 순종하는 사람인 예수는 가장 완전하고 구체적인 형태의 새로운 존재다. "참으로, 거짓이 없는 이스라엘 사람이로다"(요 1:47—옮긴이). 그의 가르침이나 특별한 행동뿐만 아니라 유대인 예수 그리스도의 전 존재(total existence)를 통해 구약 전체가 올바른 관점을 갖게 된다. 그것은 순종함으로 성취되고 불순종함으로 심판을 받는다.

마지막으로, 우리는 '새 이스라엘'이라는 관점에서 보는 실재에 대한 우리의 이해가 신약과 구약의 관계에 대한 많은 문제를 명확하게 해 준다고 생각한다. 기독교 교회가 구약을 보존한 것은 고증적인 이유로서가 아니라 그것이 예수 그리스도에 대해 말했기 때문이다. 구약은 그가 오기 위한 역사적 준비일 뿐 아니라 그의 현시(顯示)이다. 그러나 구약 안에서 예수 그리스도의 존재를 더 정확하게 확인하려고 할 때마다 예수는 매우 어슴푸레한 모습으로 나타나며 구약은 그 실제 내용을 잃어버리게 된다. 이러한 불확실성은 성경신학에서만 나타나는 것이 아니라 기독교 교회의 강단에서 더욱 심각하게 반영되고 있다. 우리의 견해로는, 적어도 구약의 실재에 대한 증거로서 '새 이스라엘'을 이해하는 데에서 해결의 방향을 발견할 수 있을 것이다. '새 이스라엘'이 구약에 존재한다는 의미에서 예수 그리스도는 구약에 있다. 이스라엘이 믿음으로 응답할 때마다 예수 그리스도라는 새로운 존재가 가시적인 형태를 드러낸 셈이다. 이런 이유로 신약성경은 이스라엘의 역사 속에서 새로운 인물의 출현과 예수 그리스도를 동일시한다. 아브라함은 그리스도의 날을 보았고(요 8:56), 모세는 그리스도를 위하여 고난을 받았으며(히 11:26), 이사야는 그의 영광을 보고 그를 가리켜 말했다(요 12:41).

우리 시대의 구약학에 대한 가장 큰 도전은 역사 연구에 의해 밝혀진 이스라엘의 전체 삶에 대한 방대한 지식을 유지하고 확장하는 동시에, 그러한 이해를 기독교 교회를 위해 구약을 회복하는 방식으로 사용하는 것이다.